극지 거버넌스의 이해

김봉철 · 김호

三 英 社

머리말

북극과 남극에 관한 인류의 관심은 오래전에 시작되었지만, 문명으로부터 먼 거리와 혹독한 자연환경은 인간이 이곳에 접근하는 것을 방해하였다. 시간이 흘러, 과학과 기술의 발전 그리고 항해술의 진보 등으로 극지역에 대한 사람들의 생각이 적극적으로 바뀌었고, 이곳을 탐험하려는 시도 역시 많아졌다. 인간의 극지에 대한 접근과 탐험은 자연스럽게 경제적 이익의 추구로 이어졌는데, 이것이 극지의 다른 가치들과 충돌하는 상황을 발생시켰다.

현대사회에서 극지에 대한 국제사회의 관심과 고민은 다양한 방향으로 확대되었으며, 인류애, 과학연구, 자연보호 등을 근거로 여러 의견과 제안이 나오는 상황이다. 극지역을 두고 경제적 활용, 탐험과 연구, 정치적 관계 등이 기후변화 같은 요인과 가치의 충돌을 일으키기도 한다. 국제사회의 관심과 고민, 갈등과 해결은 결국 구성원들의 합의와 약속으로 평화롭게 해결함이 바람직하다. 물론 미래의 극지에 관한 문제 역시 이러한 방식으로 풀어야 한다.

구성원들의 합의와 약속은 결국 규범을 의미하는데, 국제 및 국내사회에서는 어느 현상에 관한 자세한 규범의 존재는 그 현상을 안정적으로 관리하는 일에 큰 도움이 된다. 규범이 세운 기준을 바탕으로 문제의 현상에 대한 관리가 이루어질 수 있을 것이며, 관리는 보호, 지원, 허가, 규율, 통제와 같은 다양한 방식으로 실천된다. 가장 마지막까지 인간의 접근을 쉽게 허용하지 않았던 극지의 여러 현상도 크게 다르지 않다.

머리말

이 책의 기획은 '극지역 관리'라고 하는 논제를 위한 규범과 '거버넌스' 체계를 설명하려는 목적에서 시작되었다. 한국 사회에는 이미 극지역 관련 정책과 규범을 연구한 결과물들이 상당하지만, 전문가 아닌 일반 대중들과 호기심 많은 학생을 독자층으로 하는 가벼운 극지 거버넌스에 관한 설명서는 거의 없었다. 오랜 기간 준비되었던 극지활동진흥법이 2021년 가을부터 한국 사회에 적용되면서, 극지에 대한 관심과 전문가 육성이 필요한 상황에 되었는데, 이 책은 극지역에 관한 설명서로서, 이 분야에 '입문'하는 이들에게 극지에 대한 관리체계를 이해하는데 수월한 디딤돌이 되기를 기획하는 마음에 담았다.

지은이가 한국외국어대학교 국제학부에서 다양한 국적의 학생들과 함께 지내고 있는 입장에서, 극지역에 관한 논제는 학생들이 국제사회를 이해하는 좋은 도구가 되고 함께 토론하기에도 적합한 대상임을 깨달았다. 그리고 오래전 북극 지역을 방문한 인연이 지금까지 지속되고 있는 상황을 바탕으로 극지를 연구하시는 분들과 만나는 기회가 많아지면서, 한국외국어대학교에 '극지연구센터'를 만들어 교내 극지연구자들과 함께 극지를 관찰하는 지금의 모습도 이 책을 준비하는 배경이 되었다. 한국외국어대학교에는 국제학부에 Introduction to Polar Studies라는 과목 이외에도, 교양대학에서 '극지와 사람' 그리고 '극지 거버넌스의 이해'라는 과목이 개설되었다. 이 책이 이러한 강의들을 통해서 극지에 관심을 가지는 미래 세대에게 도움이 되었으면 한다. 그들 중에서 분명히 한국과 국제사회의 극지에 관한 논제를 깊게 고민하는 전문가로 성장하는 이들이 나올 것이다.

이 책은 극지역에 관심을 두고 연구와 교육을 하는 두 명의 법학자가 그동안의 연구 성과들을 묶어서 정리하고 다시 보완하면서 함께 작업한 결과물이다. 이 책의 기획부터 원고 준비까지 공동 저자인 계명대학교 김호 교수님과의 작업은 매우 수월하게 진행되었다. 김호 교수님은 워낙 꼼꼼한 성격을 가지셨지만, 믿을 수 없게 자상하고 배려심도 많으셔서 지난 오랜 시간 함께 지내며 공부하고 연구 성과를 나누는 동안 전혀 갈등이 없었다. 항상 차분한 김호 교수님의 모습은, 연구와 교육을 직업으로 하면서도 고집 세고 목소리 큰 이에게 영감을 준다. 앞으로도 김호 교수님과의 공동연구 작업은 계속되리라고 확신한다.

책을 기획하고, 자료조사를 하고, 원고를 작성하고, 그것을 편집하고, 다시 내용을 검토하는 작업은 지은이만의 일은 아니다. 세상에 혼자서 하는 일이 별로 없으며, 이 책의 여러 면에는 많은 분의 노력이 스며있다. 북극과 남극에 관한 연구 및 탐험을 함께하는 동료와 제자들이 자료조사부터 원고보완 단계까지 많은 도움을 주었다. 또한 도서출판 삼영사 고성익 대표님을 포함하여 편집 및 발간에 힘을 쏟으신 많은 분의 역할도 있었다. 이 책을 위해서 도움을 주신 여러분들에게 마음을 담아 진심으로 감사드린다.

2024년 5월

저자 씀

차 례

contents

차 례

CHAPTER

1

극지역과 국제법

Chapter

1 극지역과 국제법

1. 극지역의 정의와 특징

극지역은 지구의 북극과 남극 주변의 고위도 지역을 의미하며, 지리적 위치에 따라 북극지역과 남극지역으로 구분할 수 있다. 일반적으로 북극지역은 북극점을 중심으로 한 북위 66.5도 이상의 지역을 포함하며, 남극지역은 남극점을 중심으로 한 남위 66.5도 이상의 지역을 포함한다. 이 두 지역을 극지방으로 부르기도 하는데, 이를 다시 북극권(Arctic)과 남극권(Antarctic)으로 구분할 수 있다. 북극지역과 남극지역에 관한 이와 같은 범위 설정은 여러 목적에 따라서 다소 달라질 수 있다. 이러한 극지역은 공통적으로 낮은 태양 고도와 겨울철의 긴 어둠, 그리고 극한의 추위가 특징이다.

북극지역은 설명의 목적에 따라서 여러 범위를 설정할 수 있겠으나, 일반적으로 북극점과 북위 66.5도 이상 범위의 지역으로 정의되며, 이 위도선은 북극권(Arctic Circle)이라고 불린다. 북극권 내에는 북극해와 그 주변의 육지가 포함된다. 북극해는 주로 얼음으로 덮여 있으며, 그 주변에는 러시아, 캐나다, 노르웨이, 그린란드(덴마크), 미국(알래스카) 그리고 유럽의 스칸디나비아 국가 및 아이슬란드가 영토와 영해를 두고 있다. 북극권은 해빙과 바다 얼음의 계절적 변동이 크며, 해빙의 변화가 북극 생태계에 큰 영향을 준다. 남극지역도 북극지역의 범위 설정과 유사한 의미로 남위 66.5도 이상의 지역이라고 정의하고 이 위도선은 남극권(Antarctic Circle)이라고 설정할 수 있다. 남극 대륙은 이 지역의 대부분을 차지하며, 세계에서 가장 추운 지역이다. 남극은 단일 국가가 아닌 국제 조약에 따라 관리되며, 남극 조약 체제의 통제 아래에서 여러 국가가 연구 기지를 운영하고 있다. 남극 대륙은 두꺼운 얼음층으로 덮여 있으며, 이는 지구 담수 자원의 약 60%를 차지한다.

극지역의 기후는 극도로 춥고 건조하다. 북극의 겨울에는 극야(Polar Night) 현상이 나타나며, 여름에는 극지방의 백야(Midnight Sun) 현상이 나타난다. 남극도 유사한 현상을 보이나, 남극은 북극보다 훨씬 추운 기온을 유지한다. 이는 남극이 대륙으로 이루어져 있고, 북극은 주로 해양으로 이루어져 있기 때문이다. 남극의 기온은 여름에도 영하를 유지하며, 겨울에는 영하 60도 이하로 떨어질 수 있다. 북극과 남극의 생태계는 매우 독특하며, 극한 환경에 적응한 생물들이 서식한다. 북극에서는 북극곰, 바다표범, 다양한 종류의 물새 등이 서식하며, 해양 생태계도 매우 풍부하다. 남극에서는 펭귄, 바다표범, 그리고 극지방의 새들이 주로 서식한다. 극한의 기후로 인해 식물의 종류는 제한적이지만, 이끼와 지의류 등이 생존한다. 북극 해양 생태계는 플랑크톤, 어류, 해양 포유류 등으로 구성되며, 이는 육상 생태계와 밀접하게 연결되어 있다.

북극지역과 남극지역은 오랫동안 인간 활동이 상대적으로 제한된 지역이었으나, 최근 자원 탐사와 기후 변화 연구로 인해 관심이 높아지고 있다. 특히 북극지역은 석유와 가스 자원의 잠재적 매장지로 주목받고 있으며, 해빙 감소로 인해 새로운 항로가 열리기도 한다. 남극지역은 과학 연구의 중심지로 지구의 기후변화 문제를 이해하는 데 중요한 역할을 한다. 극지역의 탐사는 기술적 도전과 높은 비용이 수반되지만, 잠재적인 경제적 이익과 과학적 가치가 이를 상쇄한다. 기후변화는 극지역에 큰 영향을 미치고 있는데, 특히 북극 해빙의 감소는 지구 온난화의 주요 지표이며 해수면 상승과 기후 패턴의 변화로 이어진다. 북극 해빙이 녹으면서 북극곰과 같은 종의 서식지가 감소하고 있으며, 이는 생태계 전체에 영향을 미친다. 남극에서는 일부 빙하가 빠르게 녹고 있으며, 이는 전 세계 해수면 상승에 기여하고 있다. 이러한 변화는 극지역의 생태계뿐만 아니라 전 세계 기후에도 영향을 미친다.

따라서 극지역은 지구과학, 기후학, 생태학 등 다양한 분야의 연구가 이루어지는 중요한 지역이다. 북극에서는 기후변화의 실시간 모니터링과 해양 생태계 연구가 활발히 진행되고 있으며, 남극에서는 빙하와 대기 연구를 통해 지구의 과거 기후와 미래 변화를 예측하는 데 중요한 데이터를 제공한다. 극지역의 연구는 기후변화의 메커니즘을 이해하고, 이에 대응하는 정책을 개발하는 데 필수적이다. 이러한 연구가 진행되는 이유는, 극지역이 지구 전체 기후 시스템에서 중요한 역할을 하기 때문이다. 극지방의 빙하는 태양 복사 에너지를 반사하여 지구의 기온 조절에 기여하며, 해양

순환 시스템에도 영향을 준다. 북극과 남극의 변화는 전 세계의 기후 패턴에 영향을 미치며, 극지방에서 일어나는 현상은 지구 환경의 건강을 측정하는 중요한 지표가 된다.

극지역에 대한 최근의 관심과 기후변화와 같은 변수는 극지역을 보호하고 연구하며, 이를 위한 국제사회의 협력을 확대해야 하는 필요성을 낳는다. 북극 이사회는 북극 지역의 환경 보호와 지속 가능한 개발을 목표로 하는 협력체이며, 북극권 국가들과 원주민 단체들이 참여하고 있다. 남극에서는 남극 조약 체제가 국제적인 협력의 틀을 제공하며, 평화적 연구 활동과 환경 보호를 보장한다. 남극 조약은 군사 활동을 금지하고, 과학 연구를 촉진하며, 환경 보호를 강화한다. 그러나 극지역의 지속 가능한 관리와 연구는 여전히 중요한 과제이며, 이를 위한 모범적인 정책과 규범의 개발 그리고 실천이 더욱 필요하다.

[그림 1-1. 극야]

[그림 1-2. 남극장보고 과학기지]

2. 극지역에 대한 국제사회의 관리와 규율: 거버넌스(Governance) 체계의 구축

극지역은 지구의 환경과 인간의 생존에 중요한 역할을 하며, 국제사회는 이를 보호하고 지속 가능한 관리를 위해 협력하고 있다. 국제사회의 지속적인 노력과 협력은 극지역의 보호와 지속 가능한 관리를 보장하는 데 필수적이며, 국제사회에서 중요한 관심의 대상이다. 북극과 남극 모두 독특한 역사적, 환경적 특성이 있어서, 이를 반영하여 효과적으로 관리하기 위한 국제적인 관리 및 규율(거버넌스) 체계가 구축되어 있다. 이러한 거버넌스 체계는 국제사회의 협력체와 규범 등으로 구성되며 주로 환경 보호, 자원 관리, 과학 연구, 원주민 권리 보호 등을 대상으로 한다.

북극 이사회(Arctic Council)는 1996년 오타와 선언을 통해 설립된 북극 지역의 정부간 협의체이다. 북극권 8개 국가(캐나다, 덴마크, 핀란드, 아이슬란드, 노르웨이, 러시아, 스웨덴, 미국)와 6개의 원주민 단체가 참여하며, 환경 보호와 지속 가능한 개발을 목표로 한다. 북극 이사회는 과학적 연구와 정책 조정에 중요한 역할을 하며, 해양 환경 보호, 기후 변화 대응, 지속 가능한 발전 등을 다룬다. 법적 구속력은 없지만, 북극 이사회의 정책 권고와 협력 프로젝트는 북극 지역의 관리와 보호에 중요한 역할을 한다.

[그림 1-3. 북극이사회 조직도]

[그림 1-4. 2021년 북극이사회 장관급 회의]

북극 지역에는 다양한 원주민이 거주하고 있으며, 이들의 권리와 문화는 국제사회의 중요한 보호 대상이다. 또한 북극지역은 기후변화에 따른 북극항로 활용의 확대가능성, 그리고 석유, 천연가스, 광물 자원의 풍부한 매장지로 주목받고 있다. 이와 같은 개발은 경제적 이익을 제공할 수 있지만, 환경 파괴와 원주민 생계에 대한 위협 또한 초래할 수 있다. 북극 이사회는 원주민 단체와의 협력을 통해 이들의 목소리를 정책 결정 과정에 반영하고, 전통지식과 생계를 보호하는 데 주력하고 있다. 이는 원주민의 전통적인 생활 방식과 북극 생태계를 보호하는 데 중요한 역할을 한다. 북극 이사회는 자원 개발과 환경 보호 사이의 균형을 유지하기 위해 엄격한 규제와 모니터링을 시행하고 있다. 이는 지속 가능한 개발을 보장하는 데 필수적이다.

남극 조약 체제(Antarctic Treaty System, ATS)는 남극 지역의 주요 국제 거버넌스 체계로, 1959년 체결된 남극 조약을 중심으로 형성되었다. 이 조약은 남극 대륙을 평화적 연구와 과학 탐사의 목적으로만 사용하도록 규정하며, 군사 활동을 금지한다. 남극 조약 체제는 남극 대륙과 주변 해역의 환경 보호와 과학적 연구 협력을 촉진한다. 남극 환경 보호 의정서(Protocol on Environmental Protection to the Antarctic Treaty)는 남극 조약의 주요 부속서로, 남극의 환경 보호를 위한 구체적인 규정을 포함하고 있다. 이 의정서는 남극 대륙의 생태계 보호, 오염 방지, 환경 영향 평가 등을 규정하며, 모든 활동이 환경에 미치는 영향을 최소화하도록 한다. 이는 남극의 생태계와 환경 보호에 중요한 역할을 한다.

남극 조약 체제는 과학적 연구의 자유와 국제 협력을 촉진한다. 남극 대륙에는 다양한 국가의 연구 기지가 운영되고 있으며, 이들은 기후변화, 생물다양성, 지질학 등 여러 분야에서 공동 연구를 수행한다. 국제 협력은 남극의 과학적 데이터 공유와 연구 성과의 확산에 기여하며, 전 지구적 환경 문제 해결에 중요한 역할을 한다. 북극지역의 경제적 활용에 대한 고민과 달리, 남극 조약 체제는 남극 대륙의 자원 개발을 원천적으로 엄격히 금지한다. 특히, 남극 환경 보호 의정서는 남극 대륙과 주변 해역에서의 광물 자원 탐사와 개발을 금지하고, 이를 위반하는 행위를 엄격히 규제한다. 이는 남극 생태계의 보호와 지속 가능한 관리에 중요한 기초를 제공한다.

극지역은 극한의 환경을 보존하고 지속 가능한 개발을 보장하기 위해 다양한 국제조약의 적용을 받고 있다. 이러한 조약들은 주로 북극과 남극의 환경 보호, 자원 관리, 과학적 연구, 그리고 원주민의 권리 보호를 목표로 한다. 이러한 국제법들은 북극이사회나 남극조약체계의 규율을 위한 근거로 작용하며, 거버넌스의 실효성을 확보하는 기능을 한다. 극지역에 관한 이와 같은 국제조약들은 체결국의 수와 지역집중도 등을 기준으로 다자조약, 지역조약, 양자조약 등으로 구분할 수 있으며, 또한 극지역 전체에 공통적으로 적용되는 조약과 북극지역 또는 남극지역에 국한되어 적용되는 조약 등으로 나눌 수도 있다.

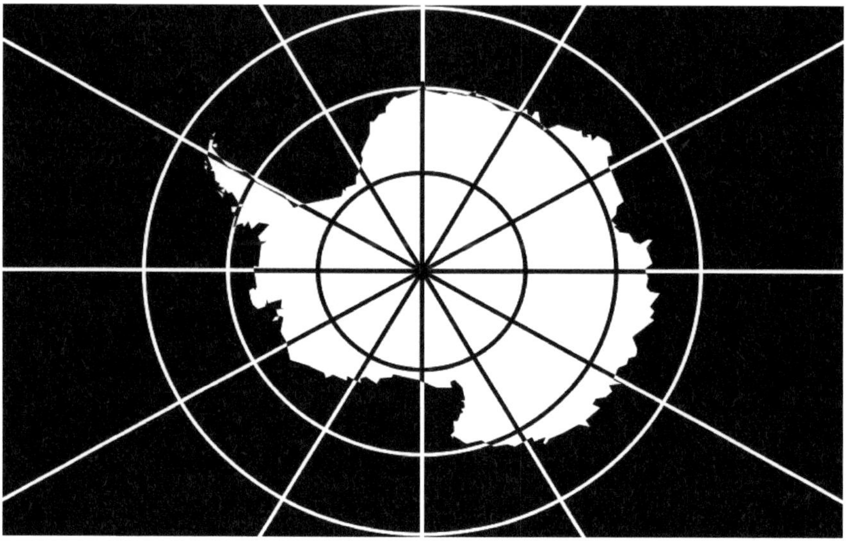

[그림 1-5. 남극조약기]

북극지역과 남극지역 모두에 적용되는 조약은 해양에 관한 UNCLOS와 선박에 적용되는 MARPOL이라고 하는 다자조약이 대표적이다. 이밖에 환경에 관련된 국제사회의 여러 조약 역시 극지역의 기후 논제에 보편적으로 적용될 수 있는 국제법의 범위에 포함시킬 수 있으며, 국제 포경 규제 협약과 같은 동식물 보존과 남획을 방지하기 위한 협약들이 존재한다.

UN 해양법 협약(UNCLOS)은 1982년에 국제사회가 UN을 통해서 채택한 다자조약으로, 북극 또는 남극지역에서 해양 자원의 이용과 해양 환경 보호에 관한 국제법적 틀을 제공한다. UNCLOS는 극지 해역의 배타적 경제 수역(EEZ)과 대륙붕의 경계 설정에 중요한 역할을 하며, 극지 해양 자원의 관리와 보호를 위한 법적 기초를 마련한다. 국제사회의 구성원들은 극지 해역에서의 자원 탐사, 개발, 해양 환경 보호를 위해서 UNCLOS의 규정을 준수해야 한다.

스발바르 조약(Svalbard Treaty)은 1920년에 체결된 다자조약으로, 북극점에 가까운 스발바르 제도에 대한 여러 권리를 정리하기 위한 목적으로 체결되었다. 이 조약은 스발바르 제도에 대한 노르웨이의 주권을 인정하면서도, 이 조약의 다른 체결국에 경제적 활동의 동등한 권리를 보장한다. 이 조약은 오랜 역사 속에서 조약을 통한 영유권 분쟁의 평화적 해결이라는 좋은 본보기가 되며, 스발바르 제도의 환경 보호와 자원 관리, 그리고 연구 활동을 규제하며, 북극 지역의 다자간 협력을 촉진하는 중요한 역할을 한다.

남극 조약(Antarctic Treaty)은 1959년에 체결되어 1961년에 발효된 조약으로, 남극 대륙을 평화적 연구와 과학 탐사의 목적으로만 사용하도록 규정한다. 이 조약은 군사 활동을 금지하고, 영유권 주장을 동결하며, 과학적 연구의 자유를 보장한다. 남극 조약은 남극 대륙의 환경 보호와 국제 협력을 촉진하는 데 중요한 역할을 한다. 남극 해양 생물자원 보존 협약(Convention for the Conservation of Antarctic Marine Living Resources, CCAMLR)은 1980년에 채택된 조약으로, 남극 해양 생태계를 보호하고 지속 가능한 어업을 보장하기 위해 제정되었다. 이 협약은 남극 해양 생물의 보존과 관리, 어업 활동의 규제, 과학적 연구를 통한 생태계 모니터링 등을 목표로 한다. CCAMLR는 남극 해역의 생물다양성 보호에 이바지한다.

남극 환경 보호 의정서(Protocol on Environmental Protection to the Antarctic Treaty)는 남극 조약의 주요 부속서로, 1991년에 채택

되고 1998년에 발효되었으며 남극 대륙의 환경 보호를 위한 구체적인 규정을 포함하고 있다. 이 의정서는 남극 대륙과 주변 해역에서의 모든 활동이 환경에 미치는 영향을 최소화하도록 규제하며, 광물 자원 탐사와 개발을 금지한다. 또한, 남극 대륙의 생태계 보호, 오염 방지, 환경 영향 평가 등을 규정한다.

이러한 극지역에 관한 여러 국제협력체와 국제법들은 여러 국가들이 문제점에 공감하면서 현대사회에서 빠르게 발전하였으나, 여전히 많은 과제도 지니고 있다. 예를 들어, 극지역은 기후변화의 영향을 가장 먼저 그리고 심각하게 받는 지역 중 하나이다. 북극과 남극의 빙하와 해빙이 빠르게 녹고 있으며, 이는 전 세계 해수면 상승과 기후 패턴 변화에 기여하고 있다. 국제사회는 이러한 기후변화에 대응하기 위해 협력하고 있으며, 극지방의 기후변화 연구와 모니터링은 전 지구적 기후 정책 수립에 중요한 데이터를 제공한다. 기후변화는 극지역의 생태계와 인간 활동에 심각한 영향을 미치며, 이에 대한 국제적인 대응이 필요하다. 극지역의 환경 보호와 지속 가능한 개발은 국제사회의 중요한 과제이다. 북극과 남극의 생태계는 인간 활동에 매우 민감하며, 자원 개발과 관광 산업의 확장은 환경에 큰 영향을 미칠 수 있다. 국제 협력을 통해 환경 보호 규제를 강화하고, 지속 가능한 개발 모델을 도입하는 것이 필요하다. 이는 극지역의 생태계를 보호하고, 기후변화에 대응하는 데 중요한 역할을 한다.

극지역의 효과적인 거버넌스를 위해서 국제 거버넌스 체계를 강화하는 것이 중요하다. 북극이사회와 남극 조약 체제는 현재 국제 거버넌스의 기본적인 구조를 제공하지만, 기후변화와 자원 탐사 등의 새로운 도전에 대응하기 위해서는 국제사회의 더욱 긴밀한 협력과 규제의 강화가 필요하다. 이는 법적 틀의 강화, 국제 협약의 체결, 그리고 공동 연구와 데이터 공유를 통해 가능하다.

3. UN 해양법 협약

UN 해양법 협약(UNCLOS, United Nations Convention on the Law of the Sea)은 1982년에 UN에서 채택된 국제 조약으로, 해양 자원의 이용과 해양 환경 보호에 관한 포괄적인 법적 틀을 제공한다. 이 협약은 1994년에 발효되었으며, 현재 160개 이상의 국가가 가입하여 해양 활동을 규제하고 있다. UNCLOS는 국제사회에서 해양법의 헌장으로 불리며, 해양과 관련된 다양한 활동을 체계적으로 규율하고 있다.

UNCLOS는 주로 국제사회의 배타적경제수역(EEZ), 대륙붕, 공해, 해양환경 보호 등에 관한 기준을 설정하는 내용을 담고 있다. UNCLOS는 연안국에 기선으로부터 200해리(약 370km)까지의 해역에 대한 배타적경제수역(EEZ) 권한을 부여하는데, EEZ 내에서 연안 국가는 어업, 해양 자원 탐사 및 개발, 해양 환경 보호 등의 권리를 가지며, 자원을 관리하고 보존할 책임이 있다. 다른 국가들은 EEZ에서 항해, 상공 비행, 해저 케이블과 파이프라인 부설 등의 자유를 누리지만, 연안국의 권리를 존중해야 한다. UNCLOS

는 기선으로부터 200해리 또는 대륙붕의 자연적 연장선까지 연안국의 대륙붕에 관한 주권적 권리를 부여한다. 연안국은 이 지역에서 자원을 탐사하고 개발할 수 있다.

UNCLOS는 공해(High Seas)에 관한 규정을 포함하고 있으며, 공해는 어느 국가의 주권도 미치지 않는 해역으로 정의된다. 공해에서는 모든 국가가 항해, 어업, 과학 연구, 케이블이나 파이프라인 부설 등의 자유를 가지며, 이러한 활동은 다른 국가의 권리와 의무를 침해하지 않는 범위 내에서 이루어져야 한다. 공해에서의 해양 환경 보호와 자원 관리에 관한 국제 협력도 강조된다. UNCLOS는 해양 환경 보호를 중요한 원칙으로 규정하고 있으며, 해양 오염 방지와 해양 자원의 보존을 위한 구체적인 조치를 제시한다. 연안국은 자국의 관할 해역에서 해양 오염을 방지, 경감 및 통제할 의무가 있으며, 오염 방지를 위한 국제 협력에 참여해야 한다. 해양 환경 보호는 해양 생태계의 지속 가능성을 보장하기 위한 핵심 요소로 간주된다.

UNCLOS는 연안국가에 기선으로부터 12해리(약 22km)까지의 영해에 대한 주권을 인정한다. 영해 내에서는 연안 국가가 완전한 주권을 행사하며, 타국 선박은 무해통항권(right of innocent passage)을 가지지만, 연안 국가의 법률과 규정을 준수해야 한다. 접속수역은 영해 기선으로부터 24해리(약 44km)까지 확장될 수 있으며, 연안 국가는 세관, 이민, 위생, 밀수 방지를 위한 통제를 할 수 있다. UNCLOS는 군도 국가에 군도 수역(archipelagic waters)을 설정할 수 있는 권리를 부여한다. 군도 수역은 군도를 구성하는 섬들과 그 사이의 해역을 포함하며, 군도 국가의 주권이 미친다. 군도 수역 내에서는 타국 선박의 군도 통항로 통항권(archipelagic sea lanes passage)이 인정되며, 이는 군도 국가의 안전과 질서를 해치지 않는 범위 내에서 이루어져야 한다. UNCLOS는 국제 해협에서의 통항권을 규정하며, 모든 선박과 항공기가 국제 해협을 통과할 수 있는 권리를 인정한다. 이러한 통항권은 항행의 자유를 보장하고, 국제 무역과 교통의 원활한 흐름을 촉진하기 위해 중요하다. 국제 해협에서의 통항은 통항국의 법률과 규정을 준수해야 하며, 통항국은 해협의 안전과 환경 보호를 위한 필요한 조치를 취할 수 있다.

북극 지역은 북극점을 중심으로 북극해 공간, 그리고 일부 인접 국가의 영토인 육지로 구성된다. 또한 북극해 공간은 계절에 따라 분포가 달라지는 얼음과 바다로 구성된다. 따라서 북극해는 기본적으로 UNCLOS의 규율 대상이 된다. 북극 지역에서는 UNCLOS가 해양 자원 관리와 환경 보호에 중요한 역할을 하는데, 북극해의 배타적경제수역과 대륙붕에 대한 연안 국가들의 권리와 의무가 UNCLOS에 의해 규정되며, 자원 탐사와 개발 활동이 이를 기반으로 이루어진다. 북극해의 해양 환경 보호를 위한 국제 협력도 UNCLOS의 원칙에 따라 진행된다. 반면, 남극 지역은 기본적으로 남극대륙을 중심으로 그 주변의 바다로 구성된다. 남극 지역에서는 UNCLOS와 남극 조약 체제가 상호 보완적으로 작용한다. 남극 조약은 남극 대륙의 평화적 이용과 과학적 연구를 규정하며, UNCLOS는 남극 주변 해역의 해양 자원 관리와 환경 보호를 위한 법적 틀을 제공한다. 남극해에서의 어업 활동과 해양 생태계 보호는 UNCLOS와 남극 해양 생물자원 보존 협약(CCAMLR)에 의해 규제된다. UNCLOS 제234조는 다음과 같이 '결빙해역'이라는 북극해와 남극 지역의 해역에 대하여 규율하고 있다.

> 연안국은 특별히 가혹한 기후조건, 연중 대부분 그 지역을 덮고 있는 얼음의 존재가 항해에 대한 장애나 특별한 위험이 되고 해양 환경오염이 생태학적 균형에 중대한 피해를 초래하거나 돌이킬 수 없는 혼란을 가져올 수 있는 경우, 배타적경제수역에 있는 결빙해역에서 선박으로부터의 해양오염을 방지, 경감 및 통제하기 위한 차별 없는 법령을 제정하고 집행할 권리를 가진다. 이러한 법령은 항행과 이용 가능한 최선의 과학적 증거에 근거하여 해양환경의 보호와 보존을 적절하게 고려한다.

이 조항은 UNCLOS의 협상 당시 북극해에 가장 많이 접하고 있는 러시아와 캐나다의 주도로 극지 해역이 직접적으로 언급된 유일한 내용이다. 이 조항은 결빙해역에서 선박으로부터의 해양오염 방지, 감소 및 통제를 위한 차별이 없는 법령을 제정하여 집행할 권리가 연안국에 있음을 규정하는 동시에, 북극 연안들의 결빙해역에 대한 국내 규제의 근거를 제공하고 있다. 이 조항을 근거로 러시아와 같은 인접 국가들은 북극해 선박 운항에 대한 국내법을 제정하였다.

UNCLOS는 해양 자원의 이용과 해양 환경 보호를 위한 포괄적인 법적 틀을 제공하며, 북극과 남극 지역에서도 중요한 역할을 한다. 배타적경제수역, 대륙붕, 공해 등 다양한 해양 영역에서의 권리와 의무를 규정하고, 해양 환경 보호와 자원 관리의 국제적 협력을 촉진한다. UNCLOS는 해양법의 헌장으로서, 전 세계 해양 거버넌스의 근간을 이루고 있으며, 극지역의 지속 가능한 관리와 보호를 위한 국제사회의 노력을 강화하는 데 기여하고 있다.

**THE LAW
OF THE SEA**

[그림 1-6. UNCLOS 공식 로고]

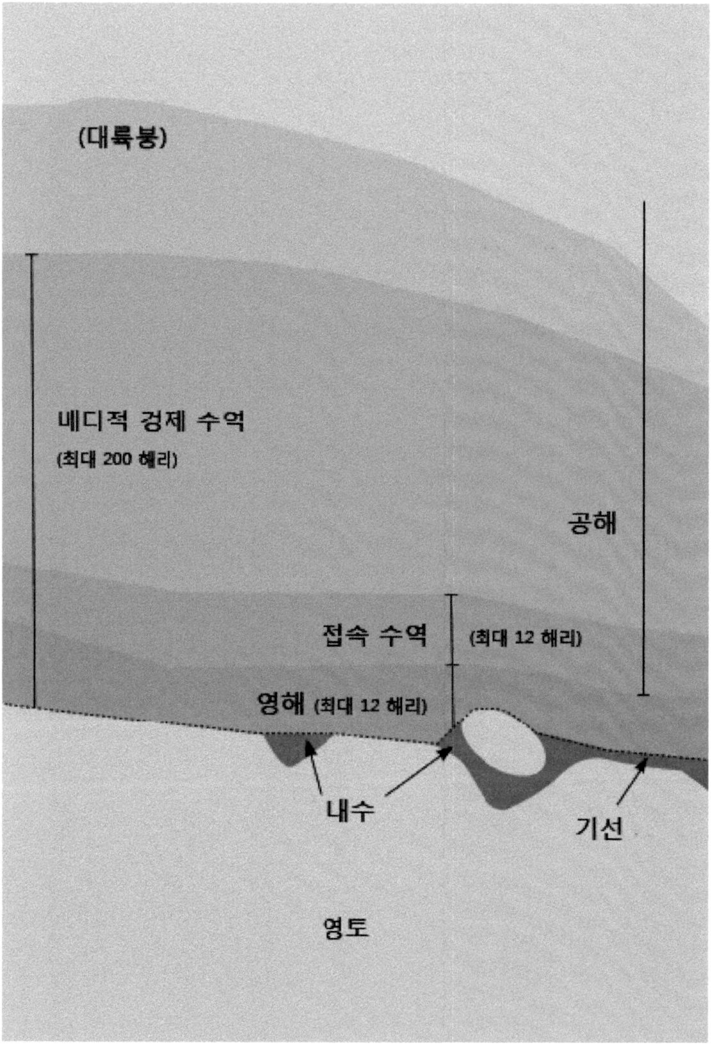

[그림 1-7. UNCLOS에 따른 바다의 분류]

4. MARPOL과 SOLAS 그리고 Polar Code

국제해사기구(International Maritime Organization, IMO)는 국제해양오염방지협약(MARine POLlution treaty, MARPOL) 부속서 I(유류), 2011년 남극에서의 중유 사용과 금지를 규율하는 협약의 발효 이후 2020년에는 북극에서도 중유 운송과 사용을 금지하는 내용으로 하는 MARPOL 협약 제1부속서 개정을 채택하였다. 개정된 내용은 2024년 7월부터 발효된다. 또한 II(독성액체), III(유해물질), IV(오수), V(쓰레기), VI(오존피해물질, 질소산화물, 황산화물, 유기화합물) 등의 일반적 규제 사항에 더하여, 부속서 I, II, V를 마련하여 오염원의 배출에 관한 엄격한 기준을 설정하였다. 이밖에 IMO에서 논의된 국제선박평형수관리협약, 국제항만국통제 등이 극지해역에서 적용된다.

특히 1989년에는 알레스카에서 미국 역사상 해상에서 발생한 가장 큰 오염사고인 엑손발데즈 유류오염이 있었다. 이 사고는 액손모빌(Exxonmobil) 소유의 유조선이 알래스카 남쪽 해안에 위치한 프린스 윌리엄 사운드(Prince William Sound) 에서 좌초되면서 1100만 갤런이 유출된 사고다. 이 유출사고로 인해 동물들의 주요 해양 생태계가 파괴되었고 어획 감소 등 경제적 손실도 크게 이어졌다. 이 사고를 계기로 국제사회가 북극해를 항행하는 선박의 건조, 설비, 운항방식 등에 대한 통일된 규칙의 필요성을 절감하였다. 특히 미국, 캐나다, 노르웨이, 러시아 등 북극지역 국가들의 각기 다른 관할수역에서 선박기술기준을 통일해야 할 필요성이 논의되었다.

이후 독일은 1991년 국제사회에 북극해와 같은 혹독한 환경에 필요한 선박의 강도를 규정하는 국제해상인명안전협약(International Convention for the Safety of Life at Sea, SOLAS)을 개정하자고 제안하였다. 이를 기반으로 IMO 외부작업반(Outside Working Group, OWG)이 1998년에 초안을 마련하였으며, 이러한 작업들은 2002년 북극결빙수역 운항선박가이드라인(Guideline for Ships Operating in Arctic Ice Covered Waters), 2009년 남극해역도 포함된 극지해역운항선박가이드라인(Guideline for Ships Operating in Polar Waters), 그리고 2017년 IMO에서 채택된 북극 해상운송에 관련된 대표적 규범인 '극지해역 운항선박을 위한 국제기준'(International Code for Ships Operating in Polar Waters, Polar Code)으로 발전하였다.

IMO Polar Code는 특히 2007년 남극 지역에서 발생한 M/S Explorer 선박사고를 계기로 2010년부터 IMO에서 기존 가이드라인을 강제규범으로 전환하기 위한 논의에서 비롯되었다. M/S Explorer 선박사고는 캐나다 유람선 MS 익스플로러호가 남극해를 지나는 중 빙하와 충돌하면서 좌초된 남극에서 일어난 사건이다. 다행히 탑승객 154명 승객 모두 구명보트를 타고 있다가 인근 선박에 의해 구조됨으로써 인명 피해는 없었다. 현재 Polar Code의 비준국들은 이를 국내법으로 전환하여 이 규정의 최소 기준을 따르지만, 러시아와 캐나다 등 일부 국가에서는 UNCLOS 제234조(결빙해역)에 근거하여 자국 관할권의 북극해 연안해역에 대해 Polar Code보다 높은 기준을 적용하고 있다.

IMO Polar Code는 기후변화 및 인간 활동 증가로부터 극지역을 보호할 목적으로 제정되었으며 북극과 남극 지역 해양을 운항하는 선박에 모두 적용된다. 이 법의 본문은 Part I(안전관련 강제규정과 권고규정)과 Part II(환경오염방지 관련 강제규정과 권고규정)로 구성되었으며, 극지해역 항행선박의 설계, 건조, 설비, 항행 및 훈련 요건, 수색과 구조, 극지 환경과 생태계 보호 등을 규정한다. Part I에서는 극지항행선박의 극지선박증서(Polar Ship Certificate)를 발급받을 의무, 선박 시스템과 설비의 국제해상인명안전협약(International Convention for the Safety of Life at Sea; SOLAS) 성능 표준 충족의무, 극지항행선박의 '극지해역운항매뉴얼'(Polar Water Operational Manual; PWOM) 선내 비치의무 등을 규정하였다. Part II에서는 북극해역에서 유류, 유해액체물질 또는 유해액체물질이 포함된 혼합물 등의 배출 금지의무, 선박유형별 연료탱크 구조 요건 등을 규정하였다.

Polar Code 제정은 북극해에 진입하는 선박에 대한 구체적인 안전 및 환경표준에 관하여 기존 러시아 등 일부 북극해 연안국 중심의 폐쇄적 규제에서 벗어나 다자간 국제기구인 IMO가 중심이 되어 개방적이고 보편적인 규제로 전환하였음을 의미한다. 그러나 처음 Polar Code가 제정되는 과정에서 적용 대상 선박의 중유 사용과 운송 규제, 대기오염물질의 배출 규제, 비토착생물종의 배출 규제, Polar Code의 대상이 아닌 비 SOLAS 선박에 대한 안전기준, 중수 방출과 수중소음 규제 등의 문제가 제외되었다. 이 점은 향후 IMO를 비롯한 국제사회가 기준을 더 보완해야 할 숙제가 되었다.

[그림 1-8. 엑손발데즈 유류오염]

[그림 1-9. M/S Explorer 선박사고]

5. 기타 극지역 모두에 적용되는 조약

1972년 채택된 런던협약(폐기물 및 기타 물질의 투기에 의한 해양 오염 방지에 관한 협약, Convention on the Prevention of Marine Pollution by Dumping of Wastes and Other Matter)은 해양 오염을 방지하기 위해 마련된 최초의 포괄적 국제 조약 중 하나이다. 런던협약은 해양에 폐기물을 투기하는 행위를 규제하며, 특히 독성 폐기물과 같은 유해 물질의 투기를 금지하거나 제한한다. 런던협약은 극지해를 포함한 지구의 모든 해양을 대상으로 하고, 영해, 배타적 경제수역(EEZ), 공해를 포함한 모든 해역이 적용 범위에 포함된다. 런던협약의 효과를 강화하고, 새롭게 대두된 해양 오염 문제에 대응하기 위해 1996년에 런던의정서(1996 Protocol to the London Convention)가 채택되었다. 이는 런던협약을 대체하거나 보완하는 역할을 하며, 보다 엄격한 규제와 현대적 접근법을 도입하였다. 런던의정서는 해양 투기에 대한 예방적 접근을 강조하며, 해양 환경 보호를 위한 강화된 규제를 포함한다.

런던협약과 런던의정서는 북극해와 남극 대륙에 인접한 해양 오염 방지에 중요한 역할을 해왔다. 이들은 해양 투기 규제의 국제적 기준을 설정하고, 국가 간 협력을 촉진하였다. 특히, 위험한 폐기물의 해양 투기를 감소시키고, 해양 환경 보호에 대한 인식을 제고하였다. 따라서 북극과 남극 해역에서의 해양 투기는 이 협약의 규제를 받으며, 이 협약이 해양 오염 방지를 위해 국제적인 협력을 촉진하였다고 평가할 수 있다. 그러나 런던협약과 런던의정서에도 한계가 존재한다. 모든 회원국이 협약과 의정서를 효과적으로 이행하지 못하는 경우가 있으며, 특히 개발도상국의 경우 기술적, 재정적 한계로 인해 문제가 발생할 수 있다. 또한 일부 국가들은 협약과 의정서의 법적 구속력을 충분히 인식하지 않거나, 자국의 법률에 반영하지 못하는 경우가 있다. 이밖에 해양 플라스틱 오염 등 새로운 형태의 해양 오염 문제는 기존 협약과 의정서의 규제 범위를 넘어설 수 있다는 문제점도 지적된다.

극지역 해양은 오랫동안 고래의 서식지였던 관계로 포경업을 위하여 활용되었다. 국제 포경 규제 협약(International Convention for the Regulation of Whaling, ICRW)은 1946년 체결되어 1948년 발효된 조약으로, 고래 자원의 보존과 포경 활동의 관리 및 규제를 목적으로 한다. 이 협약은 과도한 포경으로 인한 고래 개체수의 급격한 감소를 방지하고, 고래 자원의 지속 가능한 이용을 보장하기 위해 마련되었다. 협약의 발단은 1930년대 이후 산업적 포경이 고래 개체수에 미치는 심각한 영향에 대한 국제적 인식의 증가였다.

이 조약으로 협약의 이행을 감독하고 고래 자원의 보존과 포경 관리에 관한 결정을 내리는 국제기구인 국제 포경 위원회(IWC)가 설립되었다. IWC는 고래 자원의 상태를 평가하고, 필요에 따라 포경 활동을 규제하는데, 여기에는 포획할 수 있는 고래의 수, 포획 방법, 포획 시즌 등의 규정이 포함된다. 또한 IWC는 고래 자원의 상태를 과학적으로 평가하기 위해 연구를 장려하며, 이를 바탕으로 포경 규제에 관한 결정을 내린다. 이 협약에 가입한 각 국가는 자국의 포경 활동과 관련된 데이터를 IWC에 보고해야 하는데, 이 데이터는 고래 개체수 평가와 규제 조치에 중요한 역할을 한다.

1982년 IWC는 상업적 포경에 대한 모라토리엄을 채택하여, 상업적 목적으로 고래를 포획하는 것을 금지하였다. 이 모라토리엄은 고래 자원의 회복을 목적으로 하며, 현재까지도 중요한 규제로 작용하고 있다. 다만, 과학적 연구 목적으로 승인된 포경과 원주민의 전통적 관습에 따른 일부 포경은 여전히 허용된다. 이러한 예외 규정은 엄격한 감독과 보고 체계를 통해 관리되는데, 특히 북극해를 터전으로 생활을 일구는 토착 소수민족의 전통적인 포경이 이러한 예외 조항의 적용 대상이다. 이 협약은 고래 자원의 지속 가능한 이용을 목표로 하며, 국제적 협력을 통해 해양 생태계의 건강과 균형을 유지하는 중요한 역할을 하지만, 효과적인 이행과 포경 규제의 강화, 예외적 허용에 대한 엄격한 관리 등 여전히 해결해야 할 과제가 많다.

CHAPTER

2

북극지역의 다자조약

Chapter

2 북극지역의 다자조약

1. 북태평양 물개 보호조약과 초기 조약들

19세기와 20세기 초반에 북태평양의 물개는 모피에 대한 수요 증가로 인해 심각한 남획의 대상이었다. 당시 북극 지역에서 물개의 포획은 매우 중요한 경제활동이었는데, 물개의 모피는 따뜻하고 방수 기능이 뛰어나 코트와 모자 제작에 사용되었고 시장에서 높은 가격에 거래되었다. 또한 물개의 기름은 조명, 윤활유, 비누 제조 등에 사용되었고, 산업 혁명 시기 다양한 용도로 소비되었다. 북극 지역 물개를 주로 포획하는 주체는 캐나다, 미국, 러시아, 노르웨이 등 연안 국가들이었다. 러시아와 캐나다의 원주민들도 전통적으로 물개 사냥을 해왔으나, 상업적 포획의 규모는 전통적 사냥을 훨씬 초과하였다.

이들 국가의 어부와 사냥꾼들은 북극해와 북태평양 해역으로 진출하여 대규모 물개 포획을 진행하였다. 당시의 물개 포획량은 매우 컸으며, 이는 물개 개체 수에 심각한 영향을 미쳤고, 북태평양 지역의 북방물개(Callorhinus ursinus)는 연간 수만 마리가 포획되었다고 한다. 이러한 과도한 포획은 지속가능성을 무시한 결과였으며, 북극 지역 물개 개체 수의 급격한 감소를 초래하였고, 멸

종의 위험이 발생하였다. 북극 해양 생태계의 중요한 구성원이 되는 물개의 개체 수가 감소한다는 것은 먹이 사슬과 생태 균형에도 부정적인 영향을 주었다. 한편, 물개 자원의 고갈은 포획 산업에 종사하던 지역사회에도 경제적 타격을 주었고, 전통적으로 물개 사냥을 해왔던 원주민 사회에도 심각한 결과를 가져왔다. 그들의 생계 수단이었던 물개 자원이 줄어들면서 생활방식과 경제적 안정성이 위협받았다.

[그림 2-1. 북방물개(Callorhinus ursinus)]

[그림 2-2. 북방물개의 분포]

* 짙은색은 북방물개의 번식지를 표시한다.

당시 미국, 러시아, 일본, 캐나다(당시 영국)는 북태평양의 물개를 보호하기 위해서 국제적 협력이 필요하다고 합의하였고, 1911년 7월 미국에서 북태평양 물개 보호조약을 체결하였다. 이 조약의 정식 명칭은 '북태평양 물개 보호에 관한 국제협약'(International Convention for the Conservation of North Pacific Fur Seals)이며, 북태평양 물개의 남획 문제를 해결하고 지속 가능한 물개의 관리를 위한 국제법 토대가 되었다.

이 조약은 원칙적으로 북태평양 물개에 대한 상업적 포획을 금지하여 개체 수 감소를 막고, 이 물개의 서식지를 보호하고자 하였다. 다만 과학적 연구 목적으로만 제한적인 포획이 허용되었다. 각 체약국은 북태평양 물개의 포획을 엄격하게 제한하고, 이를 관리하기 위한 공동 위원회를 구성하였다. 이 위원회는 북태평양 물개의 개체 수와 서식지 상태를 꾸준히 감시하고, 필요한 보호 조치를 제안하는 역할을 한다.

이 조약은 북태평양 물개의 생태와 행동, 개체 수 변화를 연구하고, 관련 정보를 체약국 간에 공유할 것을 요구하는데, 이를 통해서 각국이 이 물개의 생태적 요구사항과 보존 상태를 보다 정확히 이해하고, 효과적인 보호 전략을 수립할 수 있도록 한다. 한편 북태평양 물개 보호조약은 각 체약국이 자국 내에서 물개를 보호하기 위한 법적, 행정적 조치를 마련하고 시행하도록 의무화하였다. 또한 이 조약은 불법 포획과 서식지 파괴에 대한 단속과 처벌을 강화하는 내용을 포함하여, 북태평양 물개의 보호 활동에 중요한 법적 근거를 제공하는 기능을 하였다.

이 협약을 통해서 북태평양 물개의 상업적 포획이 실제로 크게 줄었고 개체 수도 상당히 회복되었다. 또한 이 조약으로 여러 국가가 북태평양 물개 서식지 보호를 위해 다양한 정책을 시행하게 되었고, 특히 국제적 협력과 공동 관리를 통해 북태평양 물개의 생태적 연구가 활성화되었다. 이 조약은 최초의 다자간 해양 포유류 보호 협약 중 하나로 평가된다. 이 조약의 내용은 이후 여러 조약의 체결 과정에서 참고 자료가 되기도 하였는데, 특히 이후에 만들어진 북극곰 보존조약의 내용과 조항의 구성도 이 조약의 영향을 받았다.

북태평양 물개 보호조약은 국제사회가 현대로 이행하는 시작점에서 북극 지역의 동물자원을 보호하고 보존하기 위한 목적으로 체결되어 이후의 여러 조약에 영향을 주었다는 점에서 큰 의미가 있다. 그러나 북태평양 물개는 여전히 기후변화와 환경오염, 해양자원의 과잉 착취 등으로 인해 위협을 받고 있으며, 물개의 서식지인 북태평양 지역의 해양 생태계 변화는 이들의 생존에 직접적인 영향을 미치고 있다. 이에 따라 체약국들은 기후 변화 대응을 포함한 더욱 강화된 보호 조치를 논의하고 있는데, 국제사회의 지속적인 노력과 협력이 요구된다.

2. 스발바르 조약(Svalbard Treaty)

스발바르 제도는 북유럽 스칸디나비아 반도에서 북쪽으로 향하는 북극해에서 노르웨이와 북극점의 중간에 자리한 군도(群島, Archipelago)이다. 이 제도에 속한 여러 섬에 인간의 정착지가 존재하며, 러시아인 탄광촌과 과학연구를 위한 기지 등이 세워져 있다. 한국의 북극 '다산과학기지'도 스발바르 제도에 설치되었다. 스발바르 제도는 18세기까지 주로 고래잡이 기지로 활용되었는데, 20세기 초부터는 석탄 및 채광이 시작되면서 사람들이 정착하게 되었다.

1920년 제1차 세계 대전이 끝나고 베르사유 협상이 진행되는 과정에서 마련된 스발바르 조약은 스발바르 제도에 대한 국제법적 처리를 위해 파리에서 체결되었다. 이 조약의 공식 명칭은 '스피츠베르겐의 지위를 규정하고 노르웨이에 주권을 부여하는 조약(Treaty regulating the status of Spitsbergen and conferring the Sovereignty on Norway)'이며, 10개의 조항(Article)과 부속서로 구성된 비교적 짧은 국제법이다. 이 조약은 국제법상 스발바르 제도에 대한 노르웨이의 주권과 이에 관련된 여러 가지 원칙을 설정하고 있다.

노르웨이는 이 조약에 근거하여 스발바르 제도에 대한 통치권을 얻게 되었다. 이후 1925년, 국내법인 '스발바르 법'을 통해 공식적인 노르웨이 영토가 된다. 그러나 이 조약은 노르웨이의 스발바르 제도 통치에 일정한 제한을 설정하였기 때문에, 노르웨이 국내법 전체가 이곳에 적용되지는 않는다. 스발바르 조약의 주요 내용은 다음과 같다.

- 노르웨이의 일부로서 스발바르 제도: 스발바르 제도는 노르웨이 영토의 일부이며, 이 조약에 의한 제한을 제외하고는 노르웨이 정부가 통치한다.
- 과세: 노르웨이 정부는 세금을 징수할 수 있으나, 이 세금은 모두 스발바르 제도에만 사용된다.
- 환경 보전: 노르웨이는 스발바르 환경을 존중하고 보존해야 한다.
- 차별 금지: 모든 국가의 시민과 기업은 거주자가 될 수 있으며 모든 해양, 산업, 광업 또는 무역 활동을 수행할 수 있고, 스발바르 제도에 접근할 권리를 가진다. 거주자는 노르웨이 법을 준수해야 하지만 정부는 국적에 따른 차별을 할 수 없다.
- 군사 제한: 스발바르 제도는 해군기지를 포함하여 전쟁과 같은 목적으로 스발바르를 사용할 수 없다.

스발바르 조약이 체결되었던 1920년에는 체결국이 미국과 덴마크, 프랑스, 이탈리아, 일본, 네덜란드, 노르웨이, 스웨덴, 영국, 캐나다와 같은 영국 해외 자치령, 오스트레일리아, 인도, 남아프리카, 뉴질랜드, 이렇게 14개의 국가로 구성되었다. 이후 이 조약에는 1924년에 러시아의 전신인 소련 그리고 1925년에 독일과 중국도 참여하였다. 노르웨이를 포함한 일부 국가의 이해관계를 조율하기 위해 체결된 스발바르 조약은 오늘날 40개국 이상의 서명국이 참여하는 대규모 다자조약이 되었다.

100년의 역사를 가진 스발바르 조약은 유럽과 러시아가 참여하여 다자조약으로 확대되었으며, 현대 국제법 역사에서 영토분쟁의 평화적 해결을 위한 조약의 대표적인 사례로 평가된다. 노르웨이를 포함한 유럽 국가들은 이 조약의 체결 초기부터 참여하면서 주도하였고, 북아메리카의 미국과 캐나다, 그리고 소련과 이후 러시아가 적극적으로 참여하면서 스발바르 제도를 경제특구와 평화로운 비무장 지역으로 만들었다. 이 조약의 체결국은 스발바르 제도에서 평등하게 경제활동을 할 권리를 가지게 되었다. 2012년 노르웨이와 러시아가 이 권리를 이용하여 현재 채굴 활동을 하고 있으나, 현재는 연구와 관광이 스발바르 제도의 추가적인 산업이 되었다.

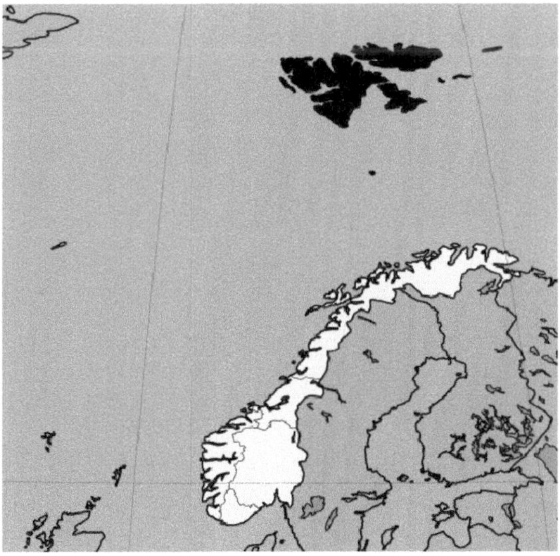

[그림 2-3. 스발바르 제도 지도]

[그림 2-4. 1920년 2월 9일 스발바르 조약 체결 당시의 사진]

3. 오슬로 협약과 파리 협약 그리고 OSPAR 협약

1960년대와 1970년대 북동대서양 지역의 해양 환경은 산업화와 해양 활동의 증가로 인해 심각한 오염 문제에 직면하였다. 이에 대응하여 해양오염을 방지하고 관리하기 위한 국제적 협력이 필요하게 되었다. 이러한 배경에서 1972년의 오슬로 협약(Oslo Convention)은 해양 투기(dumping)를 규제하기 위해 체결되었고, 1974년에 체결된 파리 협약(Paris Convention)은 육지의 오염원에서 시작되는 해양오염을 규제하기 위한 것이었다.

오슬로 협약의 공식 명칭은 '북동대서양 해양오염 방지를 위한 협약'(Convention for the Prevention of Marine Pollution by Dumping from Ships and Aircraft)이며, 이 협약은 해양 환경 보호를 목적으로 선박과 항공기로부터의 폐기물 투기를 규제하는 첫 번째 국제조약이다. 해양오염 문제는 국경을 초월하여 영향을 미치기 때문에 국제적 협력이 필요하게 되었는데, 북동대서양 지역의 국가들은 해양오염을 효과적으로 방지하기 위해 공동의 노력을 기울여야 한다는 필요성을 인식하였다. 이러한 배경에서 오슬로 협약이 체결되었다.

오슬로 협약은 북동대서양의 해양오염을 방지하기 위하여 다음과 같은 구체적인 규정을 포함하고 있다.

- 폐기물 투기의 정의와 범위: 이 협약은 선박과 항공기를 통한 해양 투기의 정의와 범위를 규정하였는데, 여기서 금지되는 해양 투기는 해양에 고의적인 산업 폐기물, 방사성 물질, 유해 화학물질 등의 폐기물 배출이 포함된다.
- 폐기물 관리와 허가제도: 이 협약은 폐기물 투기를 철저히 관리하기 위해 허가제도를 도입하였는데, 폐기물을 투기하려면 사전 허가를 받아야 하고, 투기 활동은 엄격한 규제와 감시 속에서 이루어진다.
- 금지 및 제한 물질 목록: 이 협약은 해양으로 투기할 수 없는 물질의 목록을 명시하고 특정 유해 물질의 투기를 금지하거나 제한하는데, 이러한 목록은 과학적 연구와 국제적 협의를 통

해 정기적으로 갱신된다.
- 감시와 보고 의무: 이 협약은 체약국들이 해양 투기 활동을 감시하고, 정기적으로 보고서를 제출하도록 요구하는데, 이를 통해서 국제사회가 해양오염 상태를 감시하고 필요한 보호 조치를 마련할 수 있다.
- 기술적 협력과 지원: 이 협약은 해양오염 방지를 위한 기술적 역량을 강화하고 정보와 경험을 공유하여 효과적인 해양 환경 보호를 이루기 위하여 체약국 사이의 기술적 협력과 지원을 촉진한다.

오슬로 협약은 북동대서양 지역의 해양 환경 보호에 중요한 역할을 하였다. 협약을 통해 해양으로의 폐기물 투기가 크게 줄어들었으며, 해양 생태계의 건강과 안전이 증진되었다. 또한 이 협약은 체약국 간의 국제적 협력을 강화하였는데, 체약국들은 해양오염 문제에 대해 공동으로 대응하며 기술적 협력과 정보 교환을 자극하여, 효과적인 해양 환경 보호를 가능하게 하였다. 또한 이 협약이 체약국들이 자국 내에서 해양오염 방지를 위한 법적, 제도적 조치를 마련하도록 촉진하였는데, 결국 이것이 각국의 해양 환경 보호 정책과 규제 체계가 강화되도록 하였다. 이밖에 오슬로 협약은 해양자원의 지속 가능한 관리와 이용을 촉진하였는데, 해양오염을 방지함으로써 해양자원의 건강과 생산성을 유지하고 해양 생태계의 지속 가능한 이용을 보장하였다.

1974년 파리 협약은 산업 폐수, 농업 배출물, 도시 하수 등 육상에서 발생하는 오염원의 해양 유입을 규제하는 데 중점을 두었다. 이 협약은 이러한 육상으로부터의 오염원의 관리와 감축을 목표로 하는데, 해양 생태계에 심각한 영향을 미치는 중금속, 유기화합물 등 특정 유해 물질에 대한 배출기준을 설정하고 체약국들이 이를 준수하도록 규정하였다. 이 협약은 체약국들이 자국의 오염원을 감시하고, 배출 상황을 정기적으로 보고할 것을 요구하여, 국제사회가 해양오염 상태를 꾸준히 평가하고 필요한 조치를 마련할 수 있도록 하였다. 또한 파리 협약은 체약국 사이의 기술적 협력과 지원을 촉진하여, 오염 방지 기술의 개발과 보급하고 효과적인 오염 관리 방안을 모색하도록 하였다.

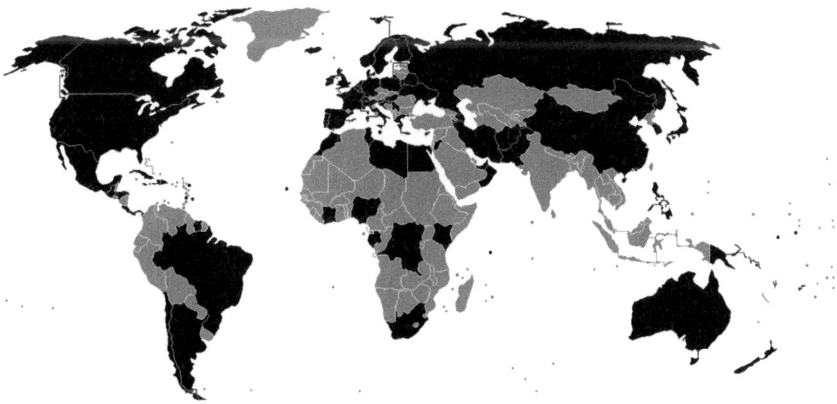

[그림 2-5. 런던협약 체결국]

파리 협약과 오슬로 협약은 규율의 대상이 다를 뿐, 그 구조와 내용에서 유사한 부분이 많았고 그 효과도 비슷하였다. 결국 이

두 협약에 참여한 국가들은 복잡해지는 북동대서양의 오염에 능동적으로 대응하기 위하여 두 협약을 통합하고자 하였다. 그 결과 1992년 9월 파리에서 열린 오슬로 및 파리 위원회 장관 회의에서 북동대서양 해양환경보호협약(Convention for the Protection of the Marine Environment of the North-East Atlantic, 이른바 'OSPAR: Oil Spill Prevention Administration And Response' 협약)이 서명되었다.

이 협약에는 기존 대서양 환경에 관한 유럽의 협약이었던 오슬로 협약과 파리 협약의 모든 당사국인 벨기에, 덴마크, 유럽공동체, 핀란드, 프랑스, 독일, 아이슬란드, 아일랜드, 네덜란드, 노르웨이, 포르투갈, 스페인, 스웨덴 및 영국 및 북아일랜드, 그리고 룩셈부르크가 서명하였다. OSPAR은 기존 협약들을 대체하며 1998년 발효되었다. 이 협약은 기존의 오슬로 협약(1972년)과 파리 협약(1974년)을 통합하여, 광범위하고 포괄적인 해양 환경 보호 체계를 구축하였다.

1998년 포르투갈 신트라에서 열린 OSPAR 위원회 제1차 각료회의는 '북동대서양 해양환경에 악영향을 미칠 수 있는 모든 인간활동'을 다루기 위해 서명국들의 협력을 확대하면서 협약에 부속 문서를 채택했다. OSPAR 협약은 현재 해양 생물다양성, 영농화, 해양으로의 위험 및 방사능 물질의 방출, 연안의 석유 및 가스 관련 산업, 환경 조건의 기본 모니터링에 대한 유럽식 표준을 규제하고 있는데, 현재 북동대서양 해역을 보호하는 주요 조약으로 자리 잡았다.

OSPAR 협약은 여러 개의 부속서(Annexes)로 구성되어 있으며,

각각 특정한 해양 환경 보호 분야를 다루고 있다. 주요 부속서와 그 내용은 다음과 같다:

- 부속서 I: 육상 기반 오염원

이 부속서는 육상 기반 오염원이 해양 환경에 미치는 영향을 줄이려는 조치를 다룬다. 체약국들은 오염물질의 배출을 규제하고, 산업활동 및 농업에서 발생하는 오염을 최소화하는 방안을 마련한다.

- 부속서 II: 해양 투기

이 부속서는 폐기물의 해양 투기를 규제한다. 해양에 폐기물을 버리는 행위를 엄격히 통제하며, 특정 유해 물질의 투기를 금지한다. 체약국들은 투기 활동에 대한 허가제를 운영하고 투기된 폐기물을 감시한다.

- 부속서 III: 해양 환경의 전반적 보호

이 부속서는 해양 환경 보호를 위한 전반적인 조치를 포함한다. 해양 생태계의 건강과 생물다양성을 보호하고, 해양자원의 지속 가능한 이용을 촉진하는 것이 목적이다. 또한, 특정 해양 보호 구역의 지정과 관리 방안을 규정한다.

- 부속서 IV: 해양 환경의 평가와 모니터링

이 부속서는 해양 환경 상태를 평가하고 감시하기 위한 기준과 방법을 규정한다. 체약국들은 정기적으로 해양 환경에 대한 정보를 수집하여, 이를 바탕으로 해양 환경 상태를 평가하여 필요한 보호 조치를 취한다.

- 부속서 V: 생물다양성과 생태계 보호

이 부속서는 해양 생물 다양성과 생태계를 보호하기 위한 구체적인 조치를 포함한다. 주요 서식지와 종의 보호를 위한 계획을 수립하고, 침입종 관리와 해양 보호 구역의 설정 등을 다룬다.

OSPAR 협약은 북동대서양 해양 환경 보호에 중요한 역할을 하고 있다. 협약을 통해 체약국들은 해양오염을 줄이고, 해양 생태계를 보호하기 위한 다양한 정책과 프로그램을 시행하였다. 예를 들어, 협약의 시행 이후 많은 국가가 해양 투기를 줄이기 위해 엄격한 규제를 도입하였고, 육상 기반 오염원을 관리하기 위한 기술적, 제도적 개선을 이루었다. 또한 OSPAR 협약은 국제적 협력과 정보 교환을 촉진하였는데, 정기적인 회의로 해양 환경 상태를 평가하고, 새로운 과제를 논의하며, 공동의 목표를 설정하였고, 결과적으로 북동대서양 해역의 해양 환경 보호 수준이 크게 향상되었다.

그러나 OSPAR 협약도 여전히 해결해야 할 많은 과제들을 가지고 있다. 기후변화, 해양 플라스틱 오염, 해양 생태계의 침입종 문제 등은 북동대서양 해양 환경에 지속적으로 위협이 되고 있다. 이에 대응하기 위해 OSPAR 협약은 체약국 간의 협력을 강화하고, 보다 포괄적이고 통합적인 접근을 통해 해양 환경 보호를 지속적으로 추진하고 있다. 다만, 이러한 노력이 해당 국가와 일부 지역에 국한되어서는 곤란하고 국제사회의 해양 모두에 균일한 규율과 기준이 적용되어야 한다.

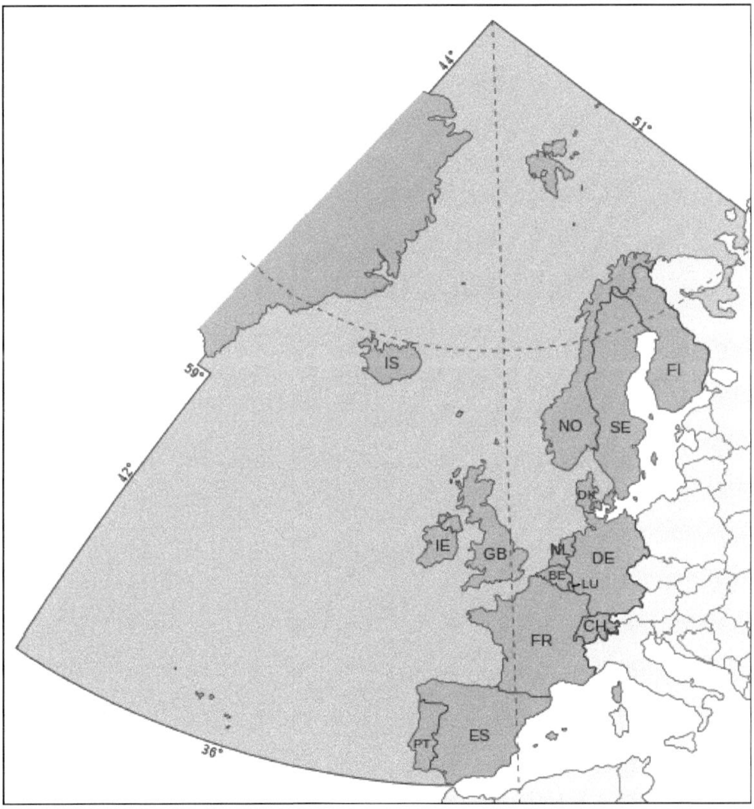

[그림 2-6. OSPAR 협약의 해양 지역 및 15개 당사국 지도]

4. 중앙북극해 비규제 어업방지협정

기후변화로 북극해의 해빙이 급격히 감소하면서 중앙북극해에 대한 접근성이 높아졌다. 과거에는 두꺼운 얼음층으로 인해 접근이 어려웠던 지역이, 이제는 계절에 따라 일부 개방되면서 어업 활동이 수월해졌는데, 이러한 환경변화는 북극해의 생태계와 자원에 대한 새로운 위협을 초래하였다. 중앙북극해는 아직 상업적 어업 활동이 활발히 이루어지지 않았지만, 해양접근성이 좋아지면서 비규제 어업의 가능성도 커졌고, 이것이 해양 생태계를 파괴하고, 어종의 지속가능성을 위협하며, 연안 국가들과 원주민 사회의 경제적, 생태적 안정을 해칠 수 있다는 문제점이 부각되었다.

중앙북극해의 어업 자원을 보호하기 위해서는, 연안 국가들뿐만 아니라 국제사회 전반의 협력이 필요하였다. 이에 따라 미국, 캐나다, 러시아, 노르웨이, 그린란드와 페로 제도를 대표하여 덴마, 아이슬란드, 중국, 일본, 한국, EU 등 주요 이해 당사국이 협력하고자 중앙북극해 비규제 어업방지협정(Agreement to Prevent Unregulated High Seas Fisheries in the Central Arctic Ocean, CAOFA)이 체결되었다. 2018년 10월 그린란드 일루리사트에서 서명된 이 협정은, 북극해의 생태계를 보호하고 지속 가능한 어업을 보장하기 위한 국제사회의 중요한 조치로 평가된다.

중앙북극해 비규제 어업방지협정의 적용 수역은 북극 연안 5개국의 배타적경제수역(EEZ)으로 둘러싸인 중앙북극해의 공해 수역이다. 이 수역의 면적은 약 280만㎢이며, 이는 북극해 전체의

1,409만㎢의 약 20% 정도에 이른다. 이 수역은 향후 지구온난화에 의한 빙하의 감소로 상업적 어업이 가능할 것으로 예상되는 공간이다. 이 협정의 주요 목표는, 중앙북극해 공해에서 비규제 어업을 방지하고, 해양 생태계를 보호하며, 지속 가능한 어업을 보장하는 것이다. 이를 위해 협정은 다음과 같은 구체적인 조항을 포함하고 있다.

- 상업적 어업 모라토리엄: 이 협정은 중앙북극해 공해에서 상업적 어업을 잠정적으로 금지하고, 필요한 과학적 연구와 데이터 수집이 이루어질 때까지 이를 유지한다. 이는 북극해 생태계와 어종에 대한 충분한 이해와 평가가 이루어질 때까지 상업적 어업을 유보함으로써, 무분별한 자원 착취를 방지하기 위함이다.
- 과학적 연구와 모니터링: 이 협정은 중앙북극해의 해양 환경과 어종에 대한 과학적 연구를 촉진하고, 체약국 간의 협력을 통해 데이터를 공유하며, 모니터링 시스템을 구축하도록 규정한다. 이를 통해 어종의 상태와 생태계 변화를 지속적으로 평가하고, 필요한 보호 조치를 마련할 수 있도록 한다.
- 협력과 정보 교환: 이 협정은 체약국 간의 협력과 정보 교환을 촉진한다. 체약국들은 중앙북극해에서의 어업 활동과 관련된 정보를 정기적으로 교환하고, 공동의 연구 프로그램을 개발하며, 협정의 이행을 위한 기술적, 재정적 지원을 제공한다.

- 법적, 제도적 조치: 이 협정은 각 체약국이 자국 내에서 협정 이행을 위한 법적, 제도적 조치를 마련하고 시행할 것을 요구한다. 이는 협정의 목표와 원칙을 효과적으로 실현하기 위한 필수적인 요소이다.

중앙북극해 비규제 어업방지협정은 중앙북극해의 해양 생태계와 어종을 보호하는 중요한 역할을 한다. 이 협정의 상업적 어업 모라토리엄은 해양 생태계의 과도한 착취를 방지하고, 어종의 지속 가능한 관리와 보호를 보장한다. 이 협정은 중앙북극해에 대한 과학적 연구를 촉진하고, 해양 환경과 어종에 대한 이해를 증진시키는 역할도 한다. 체약국 사이의 협력과 데이터를 공유하여, 정확하고 포괄적인 과학적 평가가 가능해졌으며, 이를 바탕으로 효과적인 보호 조치를 마련할 수 있다.

중앙북극해 비규제 어업방지협정은 북극해 지역의 국제적 협력을 강화하는 역할도 하는데, 이 협정은 체약국 간의 신뢰와 협력을 강화하고 공통의 목표를 달성하기 위한 공동의 노력을 촉진한다. 이는 북극해의 평화적 이용과 지속 가능한 관리에 중요한 기초가 된다. 물론 이 협정은 북극해 연안 국가들과 원주민 사회에 긍정적인 영향을 준다. 이 지역에서 비규제 어업을 방지함으로써 연안 국가들의 경제적, 생태적 안정을 보장하고, 원주민들의 전통적 생활방식과 생계를 보호하는 것이다. 또한 협정의 이행을 통해 지속 가능한 경제활동과 어업 관리가 가능해진다.

중앙북극해 비규제 어업방지협정은 북극해의 해양 생태계와 어종을 보호하기 위한 중요한 조약으로, 이를 통하여 중앙북극해 공해에서의 비규제 어업이 방지되고, 해양 환경의 보호와 지속 가능한 어업 관리가 촉진되고 있다. 협정은 체약국 간의 과학적 연구와 협력을 강화하며, 북극해의 지속 가능한 이용과 관리를 위한 중요한 기초를 마련하고 있다. 그러나 기후변화와 해양 환경변화에 대한 지속적인 감시와 대응, 그리고 국제사회의 지속적인 노력과 협력도 필요하다.

CHAPTER

3

북극 지역에 관한 북극이사회와 관련 조약

Chapter 3 북극 지역에 관한 북극이사회와 관련 조약

1. 북극 지역의 거버넌스 개념과 특징

'거버넌스(Governance)라는 개념은 다양하게 정의될 수 있으나, 글로벌 거버넌스 위원회(Commission on Global Governance)는 이를 "개별적 또는 제도적, 공적 또는 사적으로 공동 사안을 관리할 수 있는 많은 방식의 집합체이며, 갈등과 다양한 이해관계가 조정되고 협력이 이루어지는 지속적인 과정"이라고 정의한다. 따라서 북극 지역에 관한 거버넌스의 의미는 "북극 지역에서 발생하는 다양한 문제를 해결하기 위한 다양한 수단과 방식의 집합체이며, 북극 이슈에 참여하는 다층적 행위자들이 갈등 해결과 이해관계 조정을 위해 지속적으로 협력하는 과정"이라고 개념화할 수 있다. 현대 사회에서 북극 지역에 관한 거버넌스는 국제사회의 다양한 구성원들이 제안하고 논의하여 발전하였다.

북극 지역에 대한 거버넌스는 나름의 특징이 있다. 이러한 특징은 '저강도 의제', '북극권 국익 우선', '공백 없는 북극 규범' 등으로 표현된다. 북극 거버넌스의 특징 중에서 '저강도 의제'라는 의미는, 북극이사회 등에서 다루는 공동의 의제가 지구온난화, 북극항로, 북극 생태계, 북극 원주민, 해양 쓰레기 등 다양하지만, 군사 활동과 안보 등에 관한 민감하고 강도가 높은 문제들은 논의의 대상에서 제외되는 경우가 많다는 특징을 의미한다.

'북극권 국인 우선'이라는 의미는, 북극 지역의 많은 거버넌스가 북극권 국가들의 국익을 우선시하는 경우가 많다는 것이다. 북극의 논제에는 북극이사회를 중심으로 개별 회원국, 북극 원주민, 비북극권 국가, 국제해사기구(IMO), 유엔환경계획(UNEP) 등 다양한 행위자들이 다층적으로 영향을 준다. 그러나 북극이사회에서는 주로 8개 회원국을 중심으로 의제들이 논의되며, 핵심 사항의 결정 역시 이들 8개국에 의해 이루어진다. 그런데 비북극권 국가는 옵서버로서 협의에 참여할 수 있으나 결정권이 없으므로 상대적으로 거버넌스에 영향력이 적다.

북극 지역은 현재 북극권 8개국의 주권과 관할권이 미치는 지역으로, 인류 공동의 유산 개념이 적용되는 남극과 다른 거버넌스 체제로 인식된다. 남극은 남극조약을 바탕으로 한 조약 중심의 거버넌스 체제이지만, 북극은 북극권 8개국을 중심으로 구성된 북극이사회라는 협의체를 중심으로 하는 거버넌스 체제로 볼 수 있다. 북극 연안 5개국은 2008년 일루리샤트 선언을 통해 북극에서는 현재 유엔해양법협약과 다른 국제 조약들이 적용되며, 남극조약과 같은 조약이 필요 없다고 선언함으로써 국제사회가 규범을 통해 북극 연안국의 권리를 제약하는 것을 사전에 차단하고 있다.

향후 북극 지역에서 자원의 개발과 북극항로 이용이 증가할 것이며, 이로 인한 비북극 지역 국가의 요구가 확장될 것이다. 또한 이미 시작된 북극의 군사화로 인해 주요 강대국들의 자연적 완충

지대로서 북극의 역할이 한계에 도달할 것으로 예상된다. 따라서 북극이사회는 비북극 국가의 의사결정 참여를 높이기 위해 기존 체계를 조정하고, 북극의 활동 범위를 환경보호뿐만 아니라 군사 안보와 경제 협력 관련 문제까지 확대할 필요가 있다. 포괄적 국제조약을 통해서 북극이사회의 법적 지위를 확보하고, 이를 바탕으로 다른 북극 거버넌스와의 협력을 체계화할 필요도 있다.

2. 북극 지역의 협력과 공동 거버넌스의 출현

1987년 10월 당시 소련의 미하일 고르바초프는 북극 지역의 도시인 무르만스크에서 '평화의 극지'(Pole of Peace)라는 이름으로 북극 지역의 군사 긴장 완화와 협력 증진을 강조하는 연설을 하였다. 무르만스크 선언이라고도 부르는 이 연설에서, 고르바초프는 북극 지역 특히 북극항로 주변의 군사 주둔을 축소하고, 북유럽과 북극을 포함한 비핵 지대를 창설하여 핵 갈등의 위험을 줄이자고 제안하였다. 이 선언은 북극 지역에서의 과학 연구, 환경 보호, 자원 이용 등 다양한 분야에서 국제협력이 필요함을 주장하며, 북극 지역 국가들의 경제 협력으로 지역의 인프라와 경제활동을 개선하여 모든 북극 지역 국가들이 혜택을 얻을 수 있도록 하자는 내용도 포함하였다.

고르바초프는 이 무르만스크 선언에서 북극항로의 국제 상업 항해 중요성을 강조하면서 이 항로를 국제 상업 항해에 개방하자고 제안하여, 글로벌 무역과 경제발전을 촉진하려고 하였다. 그는 북극 환경의 취약성을 인식하고, 오염 모니터링과 통제, 북극의 독특한 생태계 보호를 포함한 환경 악화를 방지하는 공동의 노력을 촉구하였다. 또한 이 선언은 북극 지역 국가의 과학 연구 협력을 장려하여 북극의 기후, 지리, 생태계를 더 잘 이해하고, 과학 발전에 관한 지식과 전문성을 공유할 것도 제안하였다. 무르만스크 선언은 당시 냉전 시대 소련의 북극에 대한 정책에 있어서 고르바초프의 개혁 및 개방정책에 따른 중요한 전환점을 의미하며, 이후 북극 지역에서의 국제 협약과 협력의 기초를 마련하였다.

이후 1989년 8개 북극 지역 국가들은 환경보존을 위한 논의를 시작하여, 1991년 6월 핀란드의 라플란드에서 국제사회의 협력체로서 북극환경보호전략(Arctic Environmental Protection Strategy, AEPS)이라는 기구의 설립에 합의하였다. AEPS는 북극 환경을 보호하고 보존하며 지속 가능한 개발을 촉진하는 것을 목표로, 북극 환경의 상태를 평가하고 오염원과 오염 경로를 파악하여 필요한 조치를 실천하는 것을 임무로 하였다. 북극 지역 국가들이 환경문제를 공동으로 해결하는 기반을 마련한 AEPS는, 국제사회에서 북극 환경 보호를 위한 최초의 포괄적인 협력체가 되었다.

AEPS는 환경의 오염을 감시하고 평가하는 북극모니터링 및 평가프로그램(Arctic Monitoring and Assessment Programme, AMAP), 식물과 동물 보호를 담당하는 북극동식물보호(Conservation of Arctic Flora and Fauna, CAFF), 비상사태 예방과 대응을 담당하는 긴급예방준비대응(Emergency Prevention, Preparedness and Response, EPPR),

북극 해양환경 보호를 담당하는 북극해환경보호(Protection of the Arctic Marine Environment, PAME)와 같은 실무작업반을 통해서 환경문제를 다루었다. 여기서 유래한 여러 작업은 이후 설립된 북극이사회의 실무작업반에서 수행되고 있다.

북극 지역의 천연자원 개발이 주목받고 북극해를 통한 해상운송과 급격한 기후 변화 등의 문제들이 발생하면서 새로운 국제협의체가 필요하게 되었다. 북극 지역 8개국은 1996년 9월 캐나다에서 오타와 선언(Ottawa Declaration)을 통하여 북극의 환경보존 및 지속 가능한 개발을 위한 정책을 논의하는 정부 간(Inter-governmental) 협의기구로 북극이사회(Arctic Council)를 발족하였다.

오타와 선언의 주요 내용은, 북극 지역 국가들의 ① 특수한 관계에 대한 인정과 원주민 및 공동체에 대한 독특한 기여를 포함하여 북극 지역 거주자들의 복지에 대한 헌신, ② 경제 및 사회 발전, 건강 상태 개선, 문화 복지를 포함한 북극 지역의 지속 가능한 개발에 대한 약속, ③ 북극 지역 생태계의 건강, 북극 지역의 생물 다양성 유지, 천연자원의 보존 및 지속 가능한 사용을 포함한 북극 환경 보호에 대한 약속, ④ 북극 환경 보호 전략에 대한 기여, ⑤ 원주민과 지역사회에 대한 전통적인 지식의 인정, ⑥ 원주민과 지역사회 및 북극 지역의 다른 거주자들과의 협의와 참여 보장이다.

1991년 설립된 AEPS는 북극의 환경문제에 공동으로 대응하는 초기 협력의 틀을 마련하였고, 여기서 시작된 북극 지역 협력의 연장선에 오타와 선언이 있었으며, 이 선언을 통해서 국제협력이 북극이사회 설립으로 구현된 것이다. 이렇게 설립된 북극이사회는 북극 환경의 보전과 보호를 위한 정책과 프로그램을 추진하고, 북극 주민의 경제적, 사회적, 문화적 복지를 증진하는 지속 가능한 개발을 지원하며, 북극 지역 연구와 환경 재난 및 비상 상황에 대한 공동 대응 체계를 구축하였다.

3. 북극이사회 설립

오타와 선언(Ottawa Declaration)으로 불리는 '북극이사회 창설에 관한 선언'(Declaration on the Establishment of the Arctic Council)은 북극이사회의 창설 목표를 다음과 같이 명시하였다.

- 북극 원주민 공동체와 기타 북극 거주민의 참여에 의한 공동의 북극 문제에 관한 북극 지역 국가의 협력과 조정의 수단
- 1991년 8개 북극 국가와 3개 원주민 단체가 채택한 북극 환경보호 전략(AEPS) 차원에서 마련된 프로그램들의 감독 및 조정
- 지속 가능한 개발 프로그램의 감독과 조정
- 북극 관련 문제에 대한 정보의 전파, 교육과 관심 장려 및 증진

북극이사회의 구성원은 이른바 북극 국가로 규정되는 회원국, 상시참여단체(Permanent Participants), 그리고 옵서버(Observers)로

구분된다. 회원국은 ‘오타와 선언’에 서명한 8개국으로 한정되며, 상시참여단체는 ‘오타와 선언’이 서명될 당시에 이누이트 환북극 이사회(Inuit Circumpolar Council, ICC), 사미 이사회(Saami Council), 러시아 북극 원주민 협회(Russian Association of Indigenous Peoples of the North, RAIPON)로 구성되었으나, 이후 알류트 국제협회(Aleut International Association, AIA), 북극 아사바스카 이사회(Arctic Athabaskan Council, AAC), 그위친 국제이사회(Gwich'in Council International, GCI)를 포함한 6개 북극 원주민 단체로 확대되었다.

북극이사회의 원주민 사무국(Indigenous Peoples' Secretariat)은 상시참여단체의 적극적인 참여를 행정적으로 지원하는 역할을 한다. 이는 원주민 공동체의 참여를 제도적으로 보장함으로써, 그 전통을 존중하고 보존하고자 함이다. 상시참여단체는 북극이사회의 협상·결정과 관련하여 전면적 협의권을 가지고 북극이사회 활동의 모든 영역에 참여한다. 이러한 북극이사회의 상시참여단체가 존재하는 것은, 북극 지역에 관련된 모든 논의가 북극이사회를 주도하는 8개의 회원국만의 결정으로 이루어지는 것이 아니라는 것을 보여주는 것이다.

한편 옵서버 지위는 북극이사회의 활동에 이바지할 수 있는 비북극 국가와 비정부기구 등에도 개방된다. 독일, 네덜란드, 폴란드, 영국(1998), 프랑스(2000), 스페인(2006), 이탈리아, 일본, 중국, 인도, 한국, 싱가포르(2013), 스위스(2017)와 같은 비북극 국가가 북극이사회의 옵저버 지위를 가진다. 또한 국제적십자연맹, 북대서양해양포유류위원회, 유엔환경계획 등 국제기구와 해양보호자문위원회, 환극지보전연합, 국제북극과학위원회 등 비정부기구가 북극이사회의 옵서버 지위를 가지고 있으며, EU는 잠정 옵서버이다. 옵서버는 북극이사회 고위관리회의 및 산하 회의에 참석할 수 있으며, 의장의 재량에 따라 의견도 개진할 수 있다. 그러나 옵서버 구성원들은 주로 실무작업반(Working Groups), 전담팀(Task Forces), 전문가 그룹(Expert Groups) 등 부속기구 활동에 참여한다.

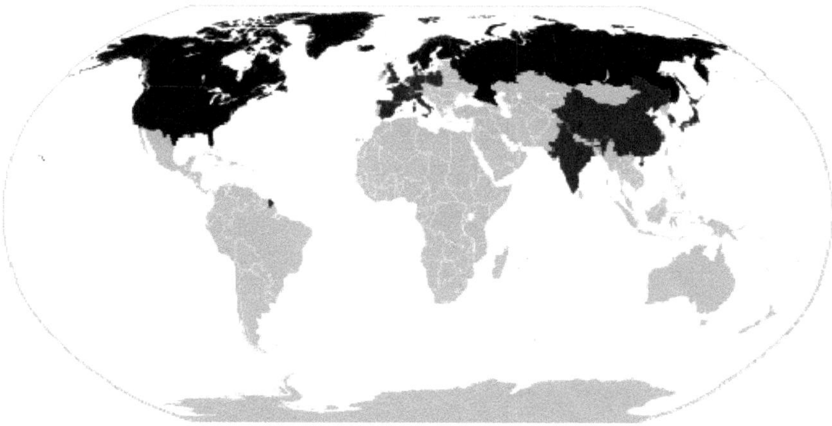

[그림 3-1. 북극이사회 참여국 지도]

* 짙은 색은 회원국을, 연한 색은 옵서버 국가를 의미한다.

4. 북극이사회의 활동

북극이사회의 구체적인 활동은 광범위한 영역을 포괄하는 6개 실무작업반 차원에서 주로 수행된다. 이러한 실무작업반은 북극 오염물질 행동 프로그램(Arctic Contaminants Action Program), 북극 모니터링·평가 프로그램(Arctic Monitoring and Assessment Pro- gramme), 북극 동·식물 보존(Conservation of Arctic Flora and Fauna), 긴급사태 예방·대비·대응(Emergency Prevention, Preparedness and Response), 북극 해양환경 보호(Protection of the Arctic Marine Environment), 지속 가능한 발전 실무그룹(Sustainable Development Working Group)이 있다. 이들은 북극이사회 각료회의(Ministerial Meeting)가 위임한 프로그램과 프로젝트 수행을 책임지는데, 이 과정에서 의사결정을 위한 광범위하고 과학적인 지식을 제공하고, 북극에서 안전하고 지속 가능한 활동을 위한 모범적 사례를 발굴하고 권고한다.

북극이사회 의장국은 1996년부터 2년마다 회원국인 캐나다, 미국, 핀란드, 아이슬란드, 러시아, 노르웨이, 덴마크, 스웨덴이 순환하여 담당하는데, 의장은 의장국의 외무장관(또는 북극 문제 관련 장관)이 담당한다. 의장국 임기 종료 시 회원국의 장관급 대표들로 구성되는 북극이사회 각료회의가 개최된다. 각료회의는 지난 2년간의 활동을 평가하고, 차기 의장국의 권한을 승인하며, 실무그룹의 분석 결과에 따라 평가와 권고를 결정한다. 각료회의는 구속력은 없지만 지난 2년간의 성과와 향후 활동을 규정하는 '선언'을 채택하는데, '선언'에는 해당 각료회의 개최지의 명칭이 들어간다.

북극이사회의 모든 결정은 상시참여단체들과의 전면적 협의와 그들의 참여하에 회원국 간 합의로 채택된다. 2011년 5월 누크(Nuuk) 각료회의에서 노르웨이의 트롬쇠(Tromsø)에 상설사무국을 설치하기로 했고, 2013년 6월 북극이사회 사무국(Arctic Council Secretariat)이 공식적으로 운영을 시작하였다. 북극이사회 사무국은 의장을 지원할 뿐만 아니라, 북극이사회의 활동에 대한 행정과 소통을 지원한다. 북극이사회의 일상적인 운영은 고위북극관리의장(Chair of Senior Arctic Officials)의 지도로 각 회원국이 임명한 고위북극관리(Senior Arctic Official)들이 담당하는데, 이들과 상시참여단체 대표들은 연 2회 이상 고위북극관리회의를 개최하고, 실무작업반과 전문가 그룹 등 부속기구는 별도 회의를 개최한다.

북극이사회는 북극의 지속 가능한 발전과 환경 보호에 관련된 대표적인 거버넌스 체계로 인정받는다. 북극이사회는 회원국 사이에 자유로운 협상의 장을 제공하여 법적 구속력이 있는 협정이 체결되도록 하는 결정적인 역할을 하였고, 북극의 환경이나 생태 및 사회적 문제에 대한 평가를 수행하여 국제사회에서 논의되도록 하였다. 또한 북극이사회는 의사결정과정에서 회원국들의 합의제를 유지하여 정치적 중립성을 강화하면서도 원주민 단체의 참여를 제도적으로 보장하였다. 그러나 북극이사회가 가지고 있는 한계에 대한 다양한 지적도 있다. 북극이사회가 이 지역에 적용되는 국제법 형성에 많은 영향을 주었다고 평가할 수 있으나, 그 자체가 국제법상 법인격을 가진 국제기구(International

Organization)라고 할 수는 없고, 회원국들이 조약을 체결하기 위한 정부 간 협의체에 불과하다. 따라서 북극이사회 스스로가 UN이나 WTO와 같이 조약을 체결할 수는 없으며, 국제사회의 공식적인 국제법 주체로 인정할 수 없다는 한계가 있다. 현재 상황에서 북극이사회는 국제사회의 국제법 주체가 아니므로, UN이나 WTO처럼 스스로 조약을 체결할 지위가 없는 것이다.

한편 북극이사회는 북극 지역 국가들에게만 정식 회원국의 지위를 부여하며, 다른 국가에는 옵서버 지위 이상의 권리는 부여하지 않는다는 폐쇄성이 비판의 내용이 되기도 한다. 북극이사회 차원에서 수행하는 여러 프로그램은 독자적인 예산이 아니라 회원국과 옵서버 또는 외부의 지원으로 수행되고 있으나, 옵서버의 지원에는 자금 지원의 범위에 제한이 있다. 또한 북극이사회에서는 안보와 경제 협력에 관한 문제를 자유롭게 논의하지 못하였다는 지적도 있다. 따라서 최근에는 북극이사회가 누리던 기존 북극 문제에 관한 독점적인 영향력이 도전받고 있다.

이 지역에 관하여 북극이사회 이외에도, 북극해 연안국인 캐나다, 덴마크, 노르웨이, 러시아, 미국이 참여하는 협력체인 북극 5개국(Arctic Five)이 등장하였다. 또한 덴마크, 핀란드, 아이슬란드, 노르웨이, 러시아, 스웨덴, 유럽 집행위원회(European Commission)를 회원국으로 하는 지역 단위 정부 간 협력체인 바렌츠 유럽-북극이사회(Barents Euro-Arctic Council), 그리고 핀란드, 노르웨이 러시아, 스웨덴의 13개 지방이 참여하는 바렌츠 지역이사회(Barents Regional Council)도 영향력을 확대하였다. 북극에 경제적 이해관계가 있는 기업과 원주민 단체로 구성된 북극경제이사회 (Arctic Economic Council) 등 다른 북극 지역 거버넌스의 영향력도 커지고 있다.

[그림 3-2. 11차 북극이사회 장관급 회의]

CHAPTER

4

북극 지역 거버넌스의 진화

Chapter

4 북극 지역 거버넌스의 진화

1. 일루리사트 선언(Ilulissat Declaration)

일루리사트 선언(Ilulissat Declaration)은 2008년 5월 덴마크령 그린란드의 일루리사트에서 캐나다, 덴마크, 노르웨이, 러시아, 미국의 외교장관이 서명한 선언으로, 북극 지역의 관할권과 해양 문제를 다루기 위한 국제법적 틀을 강화하고 북극의 지속 가능한 관리와 협력을 촉진하기 위해 채택되었다. 이 선언은 UN해양법협약(UNCLOS) 등 기존 국제법이 북극해에 적용된다는 것을 확인하고, 이 지역에 별도의 새로운 국제법적 체제가 필요하지 않다고 명시하였다.

일루리사트 선언은 북극해의 중요성이 증가하면서 북극이사회를 통한 북극 지역의 관리와는 별도로, 북극해 연안 국가들이 자신들의 권리를 주장하고 국제사회에서의 주도권을 확보하려는 필요성이 대두되었다는 점이 주요한 배경으로 작용한다. 기후 변화로 인해 북극해의 해빙이 빠르게 녹으면서 새로운 북극항로와 같은 해상 운송로와 자원 개발의 기회가 열렸고, 이는 북극해의 전략적 중요성을 급격히 높였다. 또한 북극해에 막대한 양의 석유, 천연가스, 광물 자원이 매장되어 있는 것으로 추정되면서, 북극 연안 국가들은 자원 개발을 통한 경제적 이익을 극대화하고자 하였다. 이에 따라 해양 경계와 자원 분쟁을 해결하고 자원 개발을 위한 법적 틀을 마련할 필요성이 커졌다.

UNCLOS가 해양 경계와 자원 분쟁을 해결하기 위한 기본적인 틀을 제공하지만, 북극해의 독특한 환경과 상황을 반영한 구체적인 적용이 필요하였다. 이에 따라 북극 연안 국가들은 UNCLOS를 비롯한 기존 국제법이 북극해에 적용된다는 점을 재확인하고, 새로운 법적 체계의 필요성을 배제하고자 한 것이다. 또한 북극 연안 국가들은 북극해가 전략적 중요성도 커지고 있는 지역이므로 군사적 긴장을 피하고 평화와 안정을 유지하기 위해 협력해야 한다고 인식하여, 이 선언으로 북극해를 평화와 협력의 지역이라고 약속하였다.

일루리사트 선언의 서명국은 북극 환경의 보호와 보존을 중요한 목표로 설정하고, 기후 변화로 인해 북극해가 직면한 도전에 대응하기 위한 노력을 촉구하면서 북극 생태계의 보호와 환경오염 방지를 위해 협력할 것도 약속하였다. 이와 함께 북극해에 관한 과학적 연구와 데이터 공유를 장려하고, 이를 통해 북극해의 이해 증진이 중요한 정책이며 이를 지원할 것도 약속에 포함되었다. 과학적 협력이 북극해의 지속 가능한 관리에 중요하다는 서명국들의 인식이 반영된 것이다. 이밖에 서명국들은 북극해의 자원을 지속 가능하게 개발하고 이를 통해 지역 주민들의 복지 증진을 위한 노력을 약속하여 경제적 개발과 환경 보호 사이의 균형을 유지하고자 하였다.

일루리사트 선언은 북극해의 중요성이 증가하는 상황에서 북극해 연안 5개국이 자국의 권리를 주장하고 국제사회에서 북극해 관리의 주도권을 확보하기 위해 채택되었다고 평가된다. 이 국가들은 북극해 문제를 자주적으로 관리하고 외부의 개입을 최소화하려는 의도를 반영한 것이다. 이 선언은 북극해의 평화와 협력을 유지하고 국제법에 따른 관리와 환경 보호를 약속하는 중요한 문서로, 북극 연안 국가들이 북극해의 지속 가능한 관리와 개발을 위한 국제적 틀을 강화하고 북극해 문제에 대한 공동의 책임을 강조하며, 북극해의 안정과 지속 가능한 발전을 위한 중요한 기초를 마련하였다.

[그림 3-3. 일루리사트의 해빙]

[그림 3-4. 북극해 연안 5개국 지도]

* 북극해 연안의 국가인 캐나다, 덴마크, 노르웨이, 러시아, 미국의 5개국은 Arctic Five라고도 불리며 일루리사트 선언의 참여국이다.

2. 북극이사회 관련 조약

북극의 환경과 기후, 생물다양성, 북극해, 거주민 등 북극을 둘러싼 각종 현안과 정책을 논의하는 정부 간 협의체인 북극이사회는 회원국 사이의 국제법 형성에도 많은 영향을 주었다. 북극이사회에 참여하는 국가들이 체결한 대표적인 조약들은 북극 수색 및 구조 협정(2011), 북극해 해양석유오염 대비 및 대응 협정(2013), 북극과학협정(2017) 등이 있다.

2011년 북극이사회 각료회의에서 회원국들은 북극 지역의 조난자 수색과 구조를 위한 항공 및 해상 수색 및 구조에 관한 협력 협정(Agreement on Cooperation on Aeronautical and Maritime Search and Rescue in the Arctic)을 체결하였다. 북극해의 해빙 감소로 북극 지역의 항로가 개방되면서 해상운송과 관광이 증가하고 있는데, 이러한 상황에서 조난 사고의 위험성도 높아지고 있으며, 북극의 가혹한 환경에서 신속하고 효과적인 수색 및 구조 활동의 필요성이 증대되었다. 이에 따라 북극이사회 회원국들은 협력을 통해 조난자 수색과 구조 활동을 보다 체계적이고 효율적으로 수행할 필요가 있었다.

이 협정의 주요 목적은 북극 지역에서 항공 및 해상 조난 사고가 발생했을 때 신속하고 효과적인 수색 및 구조 활동을 위해 북극 연안국 사이의 협력을 강화하자는 것이다. 이 협정의 체결국은 자신들의 수색 및 구조 책임 구역을 설정하고, 이를 명확히 하였다. 북극 지역은 광대하고 접근이 어려운 곳이 많으므로, 책임 구역을 명확히 함으로써 조난 사고 발생 시 각국의 역할과 책임을 명확히 하고 신속한 대응을 가능하게 한 것이다. 이 조약의 회원국은 조난 사고 발생 시 필요한 정보를 신속히 공유하고, 구조 활동을 위해 협력할 것을 약속하였다. 이는 실시간 정보 공유와 공동 구조 활동을 통해 구조 작업의 효율성을 높이는 것을 목표로 한다. 정기적인 훈련과 연습을 통해 수색 및 구조 활동의 준비 상태를 점검하고, 협력 체계를 강화하는 것도 이 협정의 목적이다. 이를 통해 실제 상황이 발생하면 신속하고 효과적으로 대응할 수 있도록 하려는 것이다. 회원국은 필요한 경우에 자국의 수색 및 구조 자원과 장비를 제공하고, 상호 지원할 것을 약속하였다. 이는 북극 지역의 특수성을 고려하여 각국의 자원과 기술을 최대한 빠르고 효율적으로 활용하는 것이 중요하기 때문이다.

이 협정은 북극 지역에서의 수색 및 구조 활동을 위한 최초의 법적 구속력이 있는 협정으로, 국제적 협력을 제도적으로 강화하는 데 중요한 역할을 하였다. 협정의 체결로 북극 지역에서의 조난 사고에 대한 국제적 대응 능력이 크게 향상되었으며, 이는 북극 지역의 안전을 담보하는 역할을 하였다. 이 협정으로 북극이사회가 실질적인 협력과 문제 해결을 위해 회원국 간의 신뢰를 구축하는 중요한 거버넌스 체계라는 점을 보여주었고, 환경 보호와 지속 가능한 발전뿐만 아니라 인도주의적 차원의 문제 해결에서도 역할을 한다는 점을 확인할 수 있었다.

2013년 스웨덴에서 개최된 북극이사회 각료회의에서는 북극해의 유류오염 대응에 관한 협정이 체결되었다. 북극해의 유류오염 대응을 위한 협정은 북극 지역에서 발생하는 유류오염 사고에 대응하기 위한 국제적 협력의 기반을 마련하고자 한 것이다. 이 협정의 회원국은 북극 지역에서 유류오염 사고에 대응하기 위한 체계적인 대응 계획을 마련한다. 이를 통해서 유류오염 사고가 발생하면 신속하고 효과적으로 대응할 수 있는 프로세스와 절차를 정립하고, 필요한 자원 및 인력을 조직적으로 동원할 수 있도록 한다. 이 협정은 북극 주변 국가 및 국제기관 사이의 협력을 강화하는 역할을 한다. 유류오염 사고 발생 시에는 주변 국가 및 관련 기관들 사이의 신속한 정보 공유와 협력이 필수적이다. 따라서 이 협정은 이러한 협력을 강화하고 유류오염 대응에 필요한 자원과 지원을 공유하도록 한다.

2017년 알래스카에서 개최된 북극이사회에서는 북극 과학협력 강화에 관한 협정이 체결되었다. 이 협정은 사람, 장비, 재료의 출입, 연구 시설 접근, 연구 영역 접근 등 각국 과학자들의 북극 지역 접근과 교육 및 훈련을 촉진하도록 한다. 이 조약은 북극 지역에서의 과학적 연구가 중요하며 이를 통해 북극의 환경, 기후, 자원 등에 대한 이해를 높이고 지속 가능한 발전을 촉진할 수 있다는 인식에 기반하고 있으며, 북극 지역에서 다양한 국가 및 단체 간의 과학적 협력을 촉진하고자 한다.

2018년에 채택되고 2021년에 발효된 '중앙북극공해 비규제어업 방지협정'(Agreement to Prevent Unregulated High Seas Fisheries in the Central Arctic Ocean CAOFA)은 해빙이 가속화되는 공해인 중앙 북극해 지역에서 한시적으로 조업 활동을 유예하고, 어족자원

보호 및 관리를 위한 협력 기반을 마련하였다. 이 협정은 실제로 조업이 이뤄지기 전에 사전예방주의 원칙(precautionary principle)을 도입하였으며, 공동 과학 연구 모니터링 프로그램을 통해서 어업자원조사 및 어업가능성 평가 등을 위해서 국가들이 협력할 수 있도록 하였다. 한국은 협약의 논의 과정에서부터 원당사국으로 참여하였으며 2019년에 비준하였다.

3. 북극경제이사회

북극경제이사회(Artic Economic Council, AEC)는 2014년 1월 북극이사회의 고위관리회의에 의해서 창립되었다. 이 경제이사회는 북극 국가들과 그 지역에 이해관계가 있는 기업 또는 단체들을 연결하여 협력과 정보 교환을 증진하는 것을 목표로 하며, 그러한 목적을 달성하기 위하여 북극과 관련된 비즈니스 포럼을 운영하는 주체이고, 북극이사회와 북극 관련 기업들의 소통을 촉진하는 역할을 한다. 이 이사회가 창설되던 2013년에서 2015년 사이에는 캐나다가 북극이사회의 의장직을 수행하고 있었는데, 당시 캐나다는 자신들의 북극 지역의 경제적 개발과 활성화를 위해서도 이 사회 창설에 적극적이었다.

북극경제이사회가 북극이사회의 주도로 창설되었으나, 그 이후의 활동은 북극이사회와 독립적이다. 북극경제이사회는 북극 지역에서의 사업 환경을 더욱 우호적으로 개선하고, 지속가능한 북극 경제 및 사업의 발전을 촉진하기 위한 목적으로 활동하고 있다. 이사회가 추구하는 5대 주요 과제는 다음과 같다.

1) 북극권 국가 간의 시장 연결성 강화
2) 안정적이고 예측가능한 규제 프레임워크 마련
3) 북극의 인프라 구축사업을 위한 민관투자사업의 활용 촉진
4) 산업 및 학계 간의 데이터 및 지식 공유 촉진
5) 북극관련 지식의 책임있는 관리와 중소기업 육성

북극경제이사회는 위의 목적을 달성하기 위하여 포럼 및 회의 개최하여 기업과 이해관계자들이 모여 협력 방안을 논의할 수 있는 장을 제공한다. 북극경제이사회는 북극 경제와 관련된 다양한 주제에 대한 연구를 수행하고, 그 결과를 보고서로 발간하기도 한다. 비즈니스 네트워킹은 이사회의 특색있는 활동인데, 북극 지역에서 활동하는 기업들의 네트워킹을 강화하고, 협력 기회를 모색하는 무대를 제공하는 것이다. 이밖에 북극경제이사회는 북극 경제의 발전과 관련된 여러 정책을 제안하고 그것을 구현하기 위하여 정부들과 협력하기도 한다. 이러한 북극경제이사회의 주요 업무는 하위의 실무 그룹(Working Group)이 구체적으로 진행하는데, 이 실무 그룹은 이사회 회원들이 지명하거나 초청한 전문가로 구성된다. 실무 그룹의 활동은 이사회의 주요 과제 범위에서 이사회에서 선정한 비즈니스에 관련된 업무에 집중되는데, 이러한 실무 그룹은 이사회 내에서 5개가 운영되고 있다.

해상 운송 실무 그룹은 북극의 해상 교통과 관련된 규정, 수로와 해도 개발 및 상태에 대한 정보 수집 및 교환이라는 업무를 담당하며, 투자 및 인프라 실무 그룹은 북극 지역의 책임 있는 투자 지침과 경제 성장을 강화하는 데 중점을 둔다. 책임 있는 자원 개발 실무 그룹은 북극의 천연자원 탐사 및 개발에 대한 과제와 투자 동인을 조사하는 업무를 하며, 연결성 실무 그룹은 북극의 가장 먼 지역을 세계의 나머지 지역과 연결하여 지역의 경제 성장을 촉진하기 위한 다양한 기술 및 인프라 등을 평가한다.

이러한 실무 그룹 중에서 청색경제 실무 그룹(Blue Economy Working Groups)은 환경과 인간을 중심으로 하는 북극 지역의 새로운 경제 활동을 주도적으로 진행한다. 이 실무 그룹은 북극 인근 지역의 전문 지식 및 자금 지원 수단을 마련하고 있으며, 이를 통해 청색경제 영역에서의 제품 개발 및 경제 성장을 지원하고자 한다. 이사회의 청색경제 실무 그룹은 청색경제와 관련된 주요 활동으로 다음과 같은 4가지 분야를 제시한다.

1) 해양 생명공학 및 바이오 제품 : 해양 생물학 분야의 연구와 관련 바이오 제품의 생산 및 서비스의 창출
2) 해양 식량 시스템 : 어업, 양식업, 해산물 무역의 가치 사슬의 구성
3) 해상 운송 : 사회적, 환경적, 경제적 측면에서 운송과 크루즈 사업의 지속가능성 확대

4) 해양 기술 : 해양 환경의 안전한 사용, 활용, 보호를 위한 기술적 연구

북극경제이사회가 수행하는 여러 프로젝트는 특히 디지털 인프라 개발과 관련이 있는데, 이렇게 하여 북극 지역의 디지털 연결성을 강화하여 경제 활동을 촉진하려는 것이다. 최근 북극 지역의 운송 및 물류에 대한 관심이 확대되면서, 북극의 해운 및 물류 인프라 개선을 통해서 무역과 경제 발전을 촉진하려는 다양한 프로젝트도 수행되고 있다. 최근에는 지속가능하고 청정한 에너지 자원의 개발을 지원하는 '청색 경제' 프로젝트가 북극경제이사회의 관심 대상이 되고 있다.

4. 북극해 관련 협력체들

북극 지역 중에서도 북극해에 직접 인접하고 있는 캐나다, 덴마크, 노르웨이, 러시아, 미국은 북극해의 활용에 관하여 국제사회의 주도권을 유지하기 위한 협력체인 북극 5개국(Arctic Five, A5)을 출범시켰다. 북극 지역에 인접하고 북극이사회의 정회원인 8개 북극 지역 국가 중에서 스웨덴, 핀란드, 아이슬란드를 제외한 이 다섯 국가들은 북극해 논제에 관하여 보다 주도적인 결정과 행동을 위한 협의체를 만든 것이다. 러시아와 A5의 다른 구성원 사이의 긴장이 증가하면서 A5의 협력이 어려움에 빠졌으나, UNCLOS

를 약속하는 일루리사트 선언의 영향으로 A5와 북극이사회를 연계가 강화되고 상황은 안정되었다.

바렌츠 유로-북극이사회(Barents Euro-Arctic Council, BEAC)는 러시아, 스웨덴, 핀란드, 노르웨이 등 북유럽 바렌츠해 지역에 영토를 가진 4개국이 2년마다 순회하며 의장국을 맡고, 덴마크, EU, 아이슬란드가 회원국으로 참여하고 있는 정부 간 협의기구이다. 이 협의체는 1993년 노르웨이 동북부 항구도시 키르케네스에서 체결된 '바렌츠 유로-북극 지역 협력 선언'(Kirkenes Declaration)에 근거하여 설립되었다. 이것은 냉전 시대 군사적 대결 지역이던 바렌츠해 연안 국가들 간 협력을 강화해 장기적으로 긴장을 완화하고 평화와 안정을 도모하기 위한 목적이었다.

BEAC는 바렌츠해 지역의 지속가능한 발전과 평화, 안정성을 목표로 하며, 회원국 간의 협력을 강화하는 데 중점을 둔다. BEAC의 사무국(International Barents Secretariat)은 키르케네스에 있는데, 이 사무국은 행정 및 사무 서비스를 통해서 정부 및 지역 차원의 협력을 제공하고 있으며, 바렌츠사가(Barent Saga)라는 소식지도 발간하였다. 이와 별도로 바렌츠 지역의 주정부와 원주민 대표자들이 1993년 바렌츠 지역이사회(Barents Regional Council, BRC)설립 협정에 서명하고 정기회의 및 사업을 추진하기 시작하였다. 따라서 바렌츠해 협력은 정부 사이의 협력체인 BEAC와 바렌츠 13개 지역의 협력 이슈를 다루는 BRC로 구성된다.

이 협의체들은 지역의 효과적인 소통의 틀이었다. 예를 들어, BEAC는 북극 지역의 평화와 안정, 지속가능한 사회・경제 발전과 환경 보호, 문화・인도적 유대 강화, 원주민 대표를 포함한 사람들 사이의 의사소통을 유지하는 역할을 하였다. 그러나 러시아-우크라이나의 전쟁이 시작되면서 여러 북극 지역의 거버넌스 상황이 변화하게 되었다. BEAC는 전쟁이 시작된 직후 비판 성명과 함께 회원국인 러시아에 대한 활동 금지 결정을 내렸다. 2023년 러시아 정부도 이에 탈퇴를 선언하여 BEAC 등에 의한 바렌츠해 협력체계는 안정화되지 못하고 있다.

CHAPTER

5

북극 지역에 관한 양자조약

Chapter 5

북극 지역에 관한 양자조약

1. 미국과 러시아 사이의 알래스카 할양 조약(1867)과 베링해 해양 경계 획정 협정(1990)

1867년 3월에 미국과 러시아 사이에 체결된 알래스카 할양 조약은, 당시 러시아 제국이 알래스카를 미국에 매각하는 약속을 내용으로 하는 양자조약이다. 이 거래는 역사적으로 중요한 사건으로, 미국이 러시아 영토였던 알래스카를 720만 달러에 구매하여 미국의 영토가 크게 확장되는 동시에 북극 지역 국가로 포함되는 계기가 되었다. 사실 당시 러시아는 알래스카에 대한 통제권을 유지하기 어려웠다. 알래스카는 러시아 본토와 멀리 떨어져 있었고, 러시아의 경제적, 군사적 자원은 이 지역을 효과적으로 관리하기에 부족하였다.

특히 크림 전쟁(1853-1856) 이후 재정이 어려워진 러시아는 알래스카를 매각하여 재정을 확보하고자 하였다. 러시아와 미국 사이의 협상은 러시아의 알래스카 매각 제안으로 시작되었다. 미국 측에서는 윌리엄 H. 수어드(William H. Seward) 국무장관이 협상을 주도했으며, 러시아 측에서는 러시아 제국의 대사인 에드워드 드 스토에클(Edward de Stoeckl)이 협상을 담당하였다. 협상은 빠르게 진행되어 양측은 매각 금액을 합의하였다. 이러한 합의 사항을 담은 양국의 주요한 조약 내용은 다음과 같다.

- 러시아는 알래스카를 미국에 720만 달러에 매각한다.
- 알래스카의 영토는 58도 40분 북위에서 71도 20분 북위까지, 그리고 141도 서경에서 168도 서경까지 이른다.
- 이 지역에 거주하는 원주민들은 미국의 시민권을 부여받는다.

미국에 대한 러시아의 알래스카 할양은 미국의 영토 확장에 중요한 전환점이 되었으나, 초기에는 미국인들이 이 거래를 '수어드의 얼음 상자' 또는 '수어드의 어리석음'이라고 부르며 비판하였다. 그러나 시간이 지나며 알래스카는 금과 석유 등 풍부한 천연자원으로 미국 경제에 큰 역할을 하게 되었다. 결과적으로 이 조약은 미국이 북아메리카 대륙에서 영토를 확장하는 중요한 계기가 되었으며, 미국과 러시아 사이의 외교적 협력의 상징적인 사건으로 남았다.

100년이 넘는 시간이 흘러서 양국은 새로운 북극 지역 논제를 평화적으로 해결하기 위한 양자조약을 체결하였다. 1990년 베링해 해양 경계 획정 협정은 미국과 당시 소련이 베링해에서 양국 사이의 해양 경계를 명확히 설정하기 위하여 체결된 조약이다. 베링해는 미국의 알래스카와 러시아의 시베리아 사이의 경제 및 군사적으로 중요한 해역이며, 수산자원도 풍부하다. 냉전 시기 이 지역에서 경계 문제는 양국 사이의 긴장 요소 중 하나였다.

이러한 문제를 해결하기 위하여 1980년대 후반부터 미국 측에서는 제임스 베이커(James Baker) 국무장관이, 소련 측에서는 에두아르드 셰바르드나제(Eduard Shevardnadze) 외무장관이 협상을 주도하였다. 양국은 여러 차례의 협상 끝에 베링해에서 양국의 해양 경계를 정하였는데, 합의된 협정의 주요 내용은 다음과 같다.

- 해양 경계 설정: 미국과 소련 사이의 해양 경계를 베링해에서 명확히 설정한다. 경계선은 1867년 알래스카 할양 조약에서 정한 경계를 기초로 하여 결정되었다.
- 배타적경제수역(EEZ)과 대륙붕: 양국은 EEZ과 대륙붕의 경계를 명확히 하여 각국이 자원 개발과 어업 활동을 할 수 있는 구역을 확정하였다.
- 분쟁 해결 메커니즘: 양국은 해양 경계와 관련된 분쟁이 발생한다면, 이를 해결하기 위한 메커니즘을 구축하였다.

이 협정은 양국 사이의 해양 경계를 명확히 함으로써 잠재적인 분쟁을 예방하고, 베링해에서의 자원 관리와 어업 활동을 효율적으로 조정하는 역할을 하였다. 특히, 이 양자조약은 냉전의 종식과 함께 양국의 협력 관계가 강화되는 계기를 마련하였다. 이 협정을 미국 상원은 1991년 9월 비준했으며, 러시아 의회는 1999년까지 비준을 미루다가 결국 비준하지 않았다. 그러나 양국은 실질적으로 이 협정을 준수하며 해양 경계를 관리하고 있다. 1990년 베링해 해양 경계 획정 협정은 미국과 소련(러시아) 사이의 중요한 외교적 성과로, 베링해에서의 해양 경계를 명확히 하여 양국의 분쟁을 예방하고 협력 관계를 강화하는 중요한 법적 근거가 되었다. 이 협정은 해양 경계 문제를 해결하는 중요한 사례로 평가받는다.

[그림 4-1. 알래스카 매입에 사용된 750만 달러 수표]

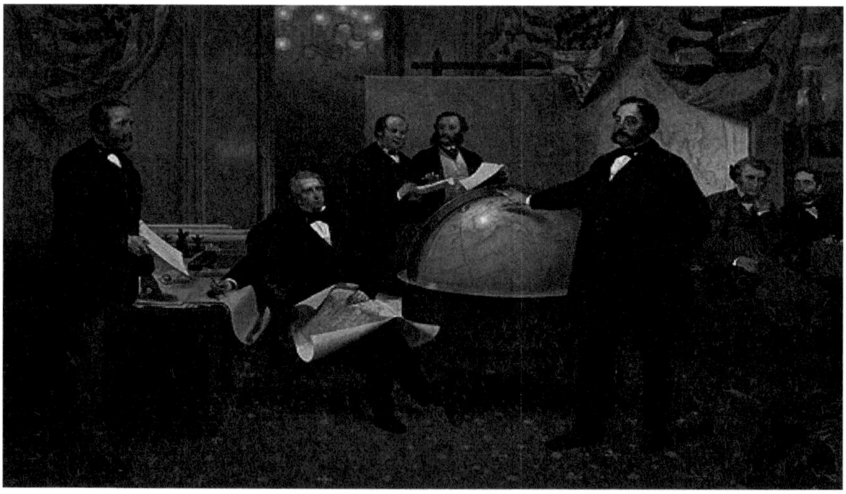

[그림 4-2. 알래스카 할양 조약 체결 당시의 그림]

2. 노르웨이와 러시아 사이의 양자조약들

노르웨이와 러시아는 영토국경과 북극해의 경계선에 관한 여러 갈등을 경험하였고, 이를 해결하기 위한 조약을 체결하기도 하였다. 1957년 2월에 체결된 노르웨이와 소련 사이의 바랑에르 피요르드(Varangerfjord)의 해양 경계 획정에 관한 협정은, 이 지역의 경계를 명확히 설정하기 위하여 합동 경계 위원회를 설립하는 내용을 골자로 한다. 바렌츠해의 최남단에 있는 바랑에르 피요르드는 당시 노르웨이와 소련 사이의 해양 경계가 위치한 지역으로, 이 지역의 해양 경계 설정은 어업권과 자원 개발, 해상 교통 등에 있어 중요한 문제였다.

이 협정은 이러한 문제를 해결하고, 양국의 협력과 이해를 증진하기 위해서 체결되었는데, 해양 경계 문제를 해결하기 위해 구체적인 기준점을 지정하는 것을 목표로 협상이 진행되어 1957년 4월에 발효되었다. 이 협정의 주요 내용은 다음과 같다.

- 합동 경계 위원회 설립: 노르웨이와 소련은 공동으로 합동 경계 위원회를 설립하여 해양 경계를 설정하기 위한 작업을 수행하기로 합의하였다. 이 위원회는 두 나라의 전문가들로 구성되었으며, 해양 경계의 구체적인 기준점을 지정하는 임무를 담당하였다.
- 기준점 지정: 합동 경계 위원회는 바랑에르 피요르드에서 해양 경계를 설정하기 위한 참조 기준점을 지정하였다. 이 기준

점은 두 나라 간의 해양 경계를 명확히 구분하는 데 사용되었다.

이 양자조약은 바랑에르 피요르드에서 어업 활동과 자원 개발에 관한 분쟁을 예방하고 노르웨이와 소련의 해양 경계 문제를 해결하는 중요한 역할을 하였다. 노르웨이와 소련 사이의 이 조약은, 기술의 발전에 따라서 보완된 사항들을 반영하여 2007년에 일부 수정을 거치며 노르웨이와 러시아를 당사자로 하여 다시 체결되었다.

이 조약은 양국 사이에 분쟁을 평화적으로 해결하는 기반이 되어, 1978년 어업협정의 체결로 이어졌다. 수산자원이 풍부한 북극해와 바렌츠해는 노르웨이와 소련에 중요한 어업 활동 지역이었으나, 1970년대에 이 지역에서 경쟁이 치열해지면서 자원의 과도한 남획과 관련된 문제가 대두되었다. 양국은 1978년 어업협정을 체결하여 자원을 보호하고 상호 이익을 도모하기로 하였다. 이 어업협정의 주요 내용은 다음과 같다.

- 어업 구역 설정: 양국은 특정 해역을 공동 관리 구역으로 설정하여 어업 활동의 조건을 설정하고 규제하였다.
- 어획량 할당: 양국은 자원의 남획을 방지하고 지속 가능성을 확보하려는 목적으로 최대 어획량을 사전에 합의하고 할당하였다.
- 과학적 연구와 데이터 공유: 양국은 수산자원의 상태를 감시

하고, 과학적 연구를 촉진하기 위해서 정보 및 데이터와 연구 결과를 교환하고 공유하기로 합의하였다.

- 관리 및 규제 메커니즘: 양국은 어업 활동을 효과적으로 관리하고 규제하기 위한 공동 위원회를 설립하여, 어업 규정의 집행과 관련된 문제를 논의하고 조정하도록 하였다.

바렌츠해와 북극해는 천연자원이 풍부한 지역으로, 노르웨이와 러시아 모두 이 지역에서의 경제적, 전략적 이익을 중요시하였다. 1978년 어업협정은 노르웨이와 소련 사이의 과도한 어획을 방지하고 자원의 지속 가능한 이용을 촉진하여, 수산자원 관리와 경제적 이익의 보호에 중요한 역할을 하였다. 이 협정은 조약을 통한 해양 자원 관리라는 의미에서 모범적인 사례로 평가받았다.

1988년 노르웨이와 러시아 사이에 체결된 환경협력협정(Agreement between Norway and Russia concerning cooperation on environmental protection in the Barents Sea and the Arctic Ocean)은 북극해와 바렌츠해 지역에서의 환경 보호와 자원 관리에 대한 협력을 강화하기 위해 체결된 조약이다. 이 협정은 환경 정보 교환, 기술 지원, 공동 조사 및 연구, 환경 보호 및 안전 조치 등에 관하여 양국의 협력을 담았으며, 북극 지역 국가들이 환경문제와 자원개발에 대한 인식이 높아지는 시기에 체결되었다.

노르웨이와 러시아의 여러 협력이 이루어지는 과정에서도 양국의 영유권 분쟁은 멈추지 않았다. 양국이 1957년과 2007년 바랑에르 피요르드에 관한 협정을 체결하여 비교적 작은 지역에 대한 경계를 설정한 사례가 있었으나, 1970년대 초부터는 바렌츠해 전역의 광범위한 해양 구역에 대한 협상에도 불구하고 합의에 도달하지 못하였다. 노르웨이는 경계 설정에 있어서 중간선(median line) 적용을 주장하였으나 러시아는 섹터 라인(sector line) 적용을 주장하였기 때문에, 양국 사이에 분쟁이 발생하였다.

양국은 이러한 문제를 평화롭게 해결하기 위한 노력을 지속하였고, 2010년 무르만스크에서 바렌츠해 및 북극해 해양 경계 획정 협정(Treaty between Norway and Russia concerning Maritime Delimitation and Cooperation in the Barents Sea and the Arctic Ocean)이 체결되었다. 이 협정의 주요한 내용은 다음과 같다.

- 해양 경계 설정: 이 협정은 바렌츠해와 북극해에서의 해양 경계를 명확히 설정하였는데, 경계선은 이 해역을 양국 사이에 공정하게 나누는 형태로 정해졌다.
- 배타적 경제수역(EEZ) 및 대륙붕 경계: 이 협정은 양국의 EEZ와 대륙붕 경계를 명확히 하여 자원 개발과 어업 활동에 관한 권리를 규정하였다.
- 자원 개발 협력: 양국은 경계 획정으로 인해 경제적 이익이 발생하는 자원 개발에 협력하기로 약속하였고, 석유와 가스 탐사 및 개발을 포함한 공동 프로젝트 추진의 가능성을 열어 두었다.
- 어업 규제와 환경 보호: 양국은 어업 활동을 규제하여 자원의 지속 가능한 이용을 보장하고, 해양 생태계와 환경을 보호하

는 목적의 원칙과 조치를 마련하였다.

- 분쟁 해결 메커니즘: 양국은 해양 경계와 관련된 분쟁이 발생한다면, 이를 평화적으로 해결할 수 있는 메커니즘을 구축하였다.

이 협정은 노르웨이와 러시아 사이의 오랜 해양 경계 분쟁을 종식하고, 바렌츠해와 북극해에서의 안정적인 자원 개발과 어업 활동을 가능하게 하였으며, 북극해에서의 국제 협력과 법적 안정성을 강화하는 법적 근거를 제공하였다. 2011년 7월에 발효된 이 협정은 양국의 해양 경계 문제를 공식적으로 해결하고, 협력 관계를 강화하는 중요한 전환점이 되었다. 1990년대 미국과 러시아 사이에 체결된 양자조약처럼, 노르웨이와 러시아 사이의 이 협정은 북극해 지역의 해양 경계 설정 및 자원 관리의 중요한 사례로 평가받고 있다.

[그림 4-3. 바랑에르 피요르드 경계 지역]

[그림 4-4. 노르웨이와 러시아 사이의 경계 표시]

[그림 4-5. 2010년 바렌츠해 및 북극해 해양 경계 획정 협정 체결]

3. 미국-캐나다-러시아의 북극에 관한 협력 협정들

북극 지역의 국가들은 여러 북극 논제에 관한 평화로운 협력을 위한 양자조약을 체결하였다. 1988년 미국과 캐나다 사이에 체결된 북극협력협정(Arctic Cooperation Agreement)은 북극 지역에서 해양 활동을 조율하고 협력하기 위한 대표적인 양자조약이다. 이 협정의 주요 목적은 북극 해역에서의 환경 보호와 해양 안전을 보장하며 양국 간의 협력을 강화하기 위한 것인데, 미국과 캐나다는 이 협정을 체결하면서 다음과 같은 사항을 약속하였다.

- 빙해 통과 통보: 협정에 따르면, 미국은 캐나다 북극해를 통과하는 모든 미국 선박에 대해 캐나다 정부에 통보하기로 합의하였다. 이는 캐나다의 북극해 관할권을 존중하는 동시에 해양 안전을 보장하기 위함이다.
- 환경 보호: 양국은 북극 해역에서 해양 오염 방지와 생태계 보호 같은 민감한 환경문제에 대하여 협력하기로 하였다.
- 긴급 상황 대응: 이 협정은 해양 사고나 환경 재난 등 긴급 상황에 대해 양국이 협력하여 대응할 수 있는 메커니즘을 마련하였다.
- 주권 문제 보류: 이 협정은 북극 해역에 대한 양국의 주권 주장에 대해 영향을 미치지 않는다고 합의하여, 주권의 문제는 보류된 상태로 남아 있다. 이는 협정이 양국의 법적 입장에 영향을 미치지 않도록 하기 위함이다.

1988년 미국과 캐나다 사이의 북극협력협정은 북극 해역에서의 협력과 환경 보호, 해양 안전을 위한 중요한 협정이다. 이 협정은 양국의 주권 주장을 보류한 상태로 유지하면서도, 실질적인 협력을 통해 북극 지역의 안전과 환경 보호를 강화하는 역할을 하였다.

1992년 캐나다와 러시아 사이의 북극협력협정은 양국의 북극 지역에서의 협력을 강화하고 환경 보호와 자원 관리에 관한 공동 노력을 증진하기 위한 협정이다. 이 협정은 북극 지역의 환경 문제와 자원 개발에 대한 이해관계를 공유하고, 협력적인 솔루션을 모색하는 데 중점을 두고 있는데, 국제사회가 북극 지역의 환경문제와 자원 개발에 대한 인식을 확장하는 시기에 체결되었다. 이 양자조약의 주요 내용은 환경 정보 교환, 공동 조사 및 연구, 기술 지원, 환경 보호 및 안전 조치 등이 포함된다. 이 협정은 양국의 상호 협력과 지식 공유를 통하여 북극 지역에서의 지속 가능한 발전을 촉진하고, 환경 보호를 강화하는 역할을 하였다.

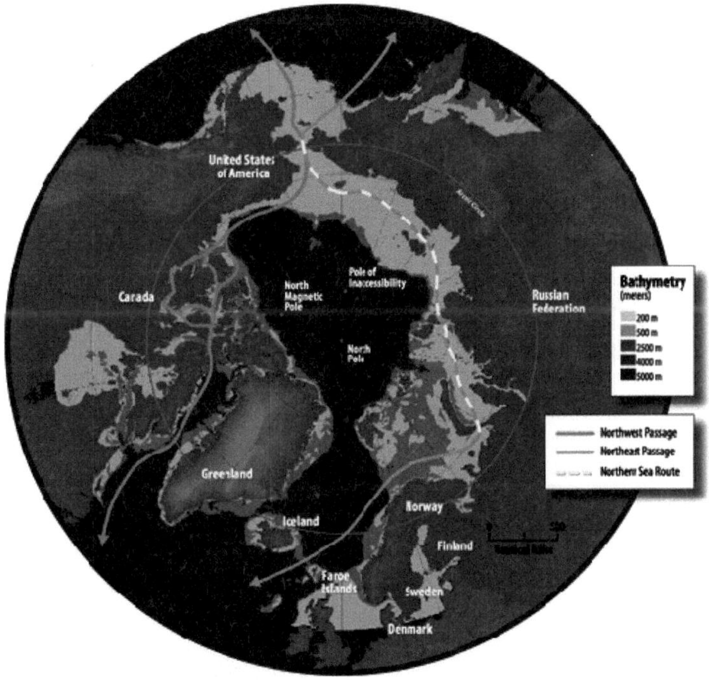

[그림 4-6. 북극협력협정에서 주요하게 다뤄지는 북극 항로들]

CHAPTER

6

남극 지역의 거버넌스

Chapter

6 남극 지역의 거버넌스

1. 남극 지역의 정의와 남극 대륙

남극 지역은 남극조약 제6조에 따라서 남극 대륙과 주변 도서 및 해역을 포함하여 남위 60° 이남 지역이라고 정의할 수 있으며, 남극의 해양생태계와 관련지어 남극해양생물자원보존협약 제1조 정의된 남위 60°와 남극수렴선(Antarctic Convergence) 사이의 지역을 추가할 수도 있다. 이와 같이 남극 지역은 북극 지역과 유사하게 위도를 기준으로 범위를 설정할 수 있으나, 북극 지역이 주로 북극해 바다로 구성된 것과 대조적으로 별도의 남극 대륙이 존재한다는 점에서 남극 지역을 남극 대륙과 같은 의미로 이해하는 경우가 많다.

남극 대륙은 지구 육지의 9.2%를 차지할 정도로 넓지만, 세계에서 가장 춥고 혹독한 기상 조건과 낮은 강수량을 자랑하는 자연지역이다. 1819년 영국의 윌리엄 스미스 선장이 세계 최초로 이 대륙을 발견하였다고 알려져 있으며, 이후 1911년 12월 노르웨이의 탐험가 아문센이 남극점을 정복한 것을 시작으로 탐험가들이 남극 대륙을 탐험하였다. 그러나 일부 지역을 제외하면 남극은 여전히 미지의 대륙으로 남아 있다.

남극은 독특하고 민감한 생태계를 가지고 있는데, 이 생태계는 흙곰팡이, 지의류, 이끼류, 펭귄, 물개 등의 육상 생물과 남극대구, 이빨고기, 크릴 등의 해양 생물로 구성된다. 북극 지역과 마찬가지로 남극 대륙의 생태계는 인간의 활동으로 발생하는 영향이나 변화에 적응하거나 저항하기 어려운 취약성을 지니고 있으므로, 환경보호와 생태계의 보호를 위한 예방적 조치가 필요하다. 또한 남극 대륙은 인간의 활동이 거의 미치지 않은 청정지역으로서 기후변화에 따른 환경 변화를 극명하게 보여주는 기후변화 연구 최적지로 평가받는다. 최근 빙저호라고 불리는 남극 빙하 아래에 존재하는 호수가 발견되면서, 미지의 생태계에 대한 관심이 높아졌다. 이 빙저호들은 고립된 환경에서 독특한 생명체가 존재할 가능성이 있어, 생물학적 연구에 중요한 장소라고 평가된다.

남극 대륙은 금, 은, 우라늄, 석유, 천연가스, 메탄수화물 등 다양한 광물 및 에너지 자원이 풍부한 것으로 추정된다. 이러한 자원은 미래의 자원 탐사와 개발에 중요한 역할을 할 수 있지만, 국제사회는 남극 대륙을 남극조약체제에 따라 국제법으로 규율되는 남극조약지역으로 관리하고 있다. 남극조약은 1959년에 체결되었으며, 평화적 목적과 과학적 연구를 위해 남극을 보존하기 위해 제정된 국제 조약이다. 이 조약에 따라 남극에서는 군사 활동이 금지되고, 과학적 탐사와 연구 활동이 장려된다. 남극조약을 기반으로 하는 남극 지역에 대한 국제사회의 거버넌스는 북극 지역에 비하여 상당히 견고한 것으로 평가된다.

1940년대 이후 남극에는 과학기지가 본격적으로 건설되었으며,

이 기지들은 연구와 탐사를 위한 월동대와 기지 유지 인력에 의해 운영되고 있다. 이러한 기지들은 남극의 환경과 생태계를 연구하고, 기후변화의 영향을 관찰하는 중요한 역할을 한다. 남극의 혹독한 기후와 고립된 위치에도 불구하고, 이곳에서 이루어지는 연구는 지구 전체의 기후와 환경 변화에 대한 중요한 정보를 제공한다. 이와 같은 과학조사와 연구 작업은 국제사회의 남극조약체제의 안정적인 규율에 따르고 있으며, 국제사회 구성원들은 이와 같은 규율의 범위에서 활동하게 된다.

[그림 5-1. 대표적인 남극 서식생물인 황제펭귄]

[그림 5-2. 로알 아문센]

[그림 5-3. 남극 대륙에 위치한 프리셀 호수]

2. 남극 대륙에 관한 영유권 주장과 남극조약의 체결

19세기부터 남극 대륙은 탐험가들과 과학자들의 주요 탐험 대상이 되었는데, 여러 국가의 탐험가들이 남극을 탐험하면서 영유권을 주장하기 시작하였다. 영국, 아르헨티나, 칠레, 노르웨이, 프랑스, 오스트레일리아, 뉴질랜드 등 여러 국가는 남극의 특정 지역에 대한 자국의 영유권을 주장했으며, 남극 대륙에 대한 영유권 주장이 늘어나면서 국제적 긴장도 고조되었다. 세계대전 이후 냉전 시대의 정치적 상황은 이러한 갈등의 확대가능성도 낳았는데, 미국과 소련을 비롯한 강대국들은 남극 지역을 군사적 목적으로 이용할 가능성을 줄이고 평화적 이용을 보장하기 위한 국제 조약을 고민하게 되었다.

남극조약은 이러한 배경에서 남극 대륙을 평화적 목적이나 연구를 위해 보호하고 관리하기 위해 제정된 국제 조약이다. 이 조약은 남극 대륙의 국제적 관심 증가와 냉전 시대의 정치적 배경 속에서 체결되었으며, 군사적 긴장이 고조된 상황에서도 과학적 협력을 통해 평화를 유지하려는 목적을 가지고 있었다. 따라서 이 조약의 체결은 남극 대륙의 관리와 이용에 대한 국제적 합의를 도출하려는 노력의 결과라고 평가할 수 있다.

1957년과 1958년의 국제지구물리년(International Geophysical Year, IGY)은 사람들이 남극에 대한 국제적인 과학적 협력의 필요성을 인식하게 한 중요한 계기였다. 이 기간에 12개국이 남극에서 과학적 연구를 수행하며 협력의 중요성을 재확인하였으며, 이러한 협력의 성공을 바탕으로 남극의 평화적 이용과 과학적 연구를 지속하기 위해 조약을 체결하려는 협상이 시작되었다. 미국이 주도적인 역할을 하여 남극 문제에 대한 국제적 논의를 자극하였고, 관련 국가들이 협상에 참여하게 되었다. 1959년 10월 미국의 워싱턴 D.C.에서 12개국이 모여 남극조약 초안을 작성하기 시작하였으며, 이 국가들은 남극 대륙에서 활동하거나 남극 대륙에 대한 영유권을 주장하는 국가들이었다.

1959년 12월 워싱턴 D.C.에서 12개국이 남극조약에 서명하였고, 모든 서명국이 비준한 이후인 1961년 6월에 발효되었다. 당시 서명국에는 아르헨티나, 오스트레일리아, 벨기에, 칠레, 프랑스, 일본, 뉴질랜드, 노르웨이, 남아프리카 공화국, 소련, 영국, 미국이 포함된다. 남극조약은 60개국 가까운 국가들이 서명국으로 참여하면서 국제사회의 대표적인 다자조약으로 발전하였다. 남극조약은 남극 대륙의 평화적 이용과 과학적 연구 촉진을 위해 다음과 같은 주요 내용을 포함한다.

- 평화적 목적의 활용: 남극은 오직 평화적 목적을 위해서만 사용되어야 하며, 군사 기지의 설치, 군사 훈련, 무기의 실험 등을 포함한 모든 군사 활동은 금지된다.
- 과학연구의 자유: 남극에서의 과학연구는 자유롭게 이루어져야 하며, 인류 전체를 위한 과학적 지식의 축적에 기여할 수 있도록 연구 결과는 국제적으로 공유되어야 한다.
- 환경보호: 남극의 환경을 보호하기 위해서 모든 회원국은 폐

기물 관리, 오염 방지, 생태계 보호 등을 포함하여 남극에서의 활동이 환경에 미치는 영향을 최소화하는 노력을 해야 한다.

- 영유권 주장의 동결: 남극은 특정 국가의 소유가 아닌 국제사회의 공동 재산이고, 모든 국가의 남극에 대한 영유권 주장은 동결되며 새로운 영유권 주장은 인정되지 않는다.
- 핵 활동 금지: 남극의 환경보호와 평화적 이용을 위한 중요한 조치로서, 남극에서는 핵폭발 실험과 방사성 폐기물의 처리가 금지된다.
- 남극조약의 검증: 이 조약의 투명성과 신뢰성을 보장하고 이행을 검증하기 위해서, 회원국은 서로의 연구 기지를 자유롭게 방문하고 검열할 수 있는 권리를 갖는다.

1959년 남극조약의 체결은 냉전 시기 속에서도 남극 대륙을 평화와 과학적 연구의 공간으로 유지하기 위한 국제적 노력이 결실을 얻은 것이라고 평가된다. 이 조약은 남극을 인류 전체의 공공재로서 안정적으로 보호하고, 평화로운 국제협력을 통해서 지구환경을 보호하며, 과학적 진보에도 필요한 규율의 법적 근거와 기준을 마련하였다는 점에서 국제사회의 중요한 조약이다.

3. 남극조약체계

1959년 남극조약 체결 이후, 남극 지역에서 여러 연구와 관광이 점차 빈번하게 이루어졌다. 남극조약으로 남극 대륙과 인근 해역에 대한 관리와 규율이 이루어지기는 하였으나, 각국의 다양한 활동이 자연환경과 생태계 훼손으로 이어지는 것을 막기는 어려웠다. 이에 따라 국제사회는 남극조약의 취지를 살리면서도 남극 환경 오염 및 생태계 훼손에 대응하기 위한 구체적인 제도들을 꾸준히 만들었고, 그러한 제도적 발전은 다음과 같이 요약할 수 있다.

- 1964년 : 남극동식물보존을 위한 합의 규칙(The Agreed Measures for the Conservation of Antarctic Fauna and Flora) 채택
- 1972년 : 남극물개보존협약(Convention for the Conservation of Antarctic Seals) 체결
- 1980년 : 남극해양생물자원보존협약(Convention for the Conservation of Antarctic Marine Living Resources) 체결
- 1988년 : 남극광물자원활동규제협약(Convention on the Regulation of Antarctic Mineral Resource Activities) 체결
- 1991년 : 환경보호에 관한 남극조약의정서(Madrid Protocol to the Protection of the Antarctic Environment, 마드리드 의정서) 채택

- 1998년 : 마드리드의정서 발효와 함께 남극 환경 및 생태계 보호를 포괄적으로 규율하는 체계의 출범

남극조약의 취지 아래에서 만들어진 이와 같은 노력과 제도들은 남극의 환경과 생태계 보호를 위한 국제적 노력의 결과였다. 이렇게 만들어진 조약들은 남극 지역의 관리와 규율을 위한 국제 기준들로 활용하였으며, 남극조약체제를 위한 법적 근거로 작용하였다.

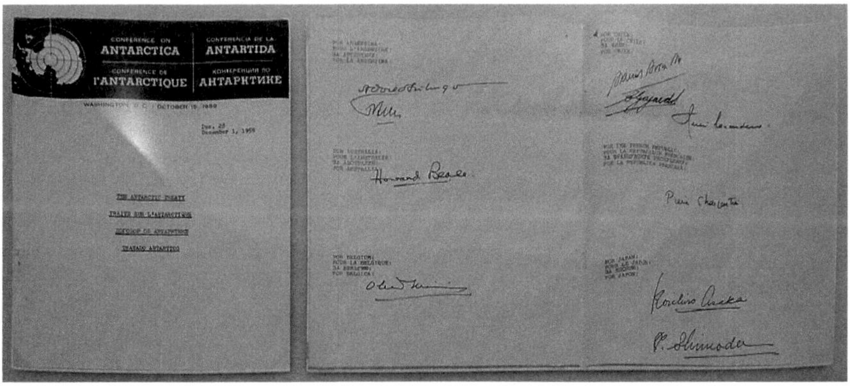

[그림 5-4. 1959년 남극조약의 최초 서명안]

[그림 5-5. 1959년 남극조약의 서명]

[그림 5-6. 1961년 첫 번째 남극조약 실무회담 모습]

CHAPTER

7

남극조약체계의 강화

Chapter

7 남극조약체계의 강화

1. 남극조약체계의 조약 1

1959년 남극조약 체결 이후 남극 대륙의 환경과 생태계 보호 및 보존에 대한 필요성이 더욱 강조되었고, 남극에 서식하는 동식물을 보호하기 위한 구체적인 조치가 필요하다는 인식이 확대되었다. 이러한 배경 속에서 남극조약 체결국들은 그 취지를 살려서 1964년 남극동식물보존을 위한 합의 규칙(The Agreed Measures for the Conservation of Antarctic Fauna and Flora)을 채택하였다. 이 합의 규칙은 남극 조약의 기본 원칙을 보완하고, 남극의 동식물을 보호하기 위해 구체적인 규제를 도입하였다. 주요 내용은 다음과 같다.

- 보호 대상 동식물의 지정 : 남극의 고유한 동식물 종을 보호하기 위해서 특정 동식물 종을 보호 대상으로 지정하는데, 여기에는 펭귄, 물개, 해양조류, 해양포유류, 지의류, 이끼 등이 포함된다.
- 서식지 보호 : 동식물의 서식지를 보호하기 위해 특정 지역을 특별 보호구역으로 지정하는데, 이러한 보호구역에서는 인간

의 활동이 제한되며 허가 없는 출입이 금지된다.

- 포획 및 채집 규제 : 남극에서 동식물의 포획, 채집, 살상 등을 금지한다. 과학적 연구 목적을 제외하고는 이러한 활동이 엄격히 제한되는데, 연구 목적의 포획이라고 하더라도 허가를 받아야 한다.
- 외래종 도입 금지 : 외래종의 남극 도입을 금지하여, 남극 고유 생태계가 외래종에 의해 교란되지 않도록 한다. 이 규정은 식물, 동물, 곤충, 미생물 등 모든 생물에 적용된다.
- 폐기물 관리 : 남극에서 발생하는 폐기물의 관리와 처리를 엄격히 규제하여, 환경 오염을 방지한다. 특히, 생물학적 폐기물은 철저히 관리되어야 한다.
- 연구 및 감시 : 남극 생태계와 환경을 지속적으로 연구하고 감시하여, 보호 조치의 효과를 평가하고 필요한 경우 조치를 강화한다.
- 국제협력 : 남극조약에 서명한 국가들은 정보 공유, 공동 연구, 보호 조치의 이행 등 상호 협력하여 남극의 동식물 보호를 위해 노력해야 한다.

남극동식물보존을 위한 합의 규칙은 남극 환경 보호의 첫 단계로서 중요한 의미를 갖는다. 이 규칙은 남극의 고유 생태계를 보호하고, 환경 오염을 방지하기 위한 구체적인 규제를 도입함으로써, 남극이 평화적 목적과 과학적 연구를 위해 보호받을 수 있는 기반을 마련하였고, 이후 남극의 환경보호를 위한 이후 추가되는 조약들의 기초가 되었기 때문이다.

남극의 물개는 19세기와 20세기에 걸쳐 상업적 포획의 대상이 되어 개체수가 급감하였다. 남극조약 체결 이후 남극 지역의 자연보호 필요성이 더욱 강조되면서, 특히 포획으로 인해 심각한 위협을 받는 물개 종을 보호하기 위한 구체적인 조치가 필요하다는 합의가 이루어졌다. 1972년 이러한 합의를 내용으로 하는 남극물개보존협약(Convention for the Conservation of Antarctic Seals)이 체결되었고, 이 협약은 1978년 3월에 발효되었다. 이 협약은 남극해역에 서식하는 물개 종의 보호와 보존을 위해 국제적으로 규제하고, 이들의 개체수를 안정적으로 유지하며 생태계를 보호하는 것을 목표로 하며, 주요 내용은 다음과 같다.

- 포획 규제 : 상업적 목적으로 물개를 포획하는 것을 엄격히 제한하며, 과학적 연구를 위한 포획은 예외적으로 특별한 허가를 조건으로 허용된다.
- 포획량 제한 : 각 물개 종에 대한 최대 포획량을 설정하여 남획을 방지하고, 특정 기간 포획이 금지되는 보호 기간을 지정하여 물개의 번식과 개체수 회복을 지원한다.
- 보호종 지정 : 웨델물개, 남극물개, 남극털물개 등 협약으로 보호되는 물개 종을 지정하며, 보호종의 개체수와 서식지 상태를 지속적으로 감시하여 조치를 강화한다.
- 서식지 보호 : 물개의 번식지와 주요 서식지를 보호하는 조치로서 특정 지역에서의 인간 활동을 제한하거나 금지할 수 있다.

- 국제협력 : 협약에 서명한 국가들 사이의 협력을 촉진하여 물개 보호를 위한 공동 연구와 정보 공유를 장려하며, 국제적인 감시 프로그램을 통해서 물개 개체수와 서식지 상태를 평가한다.
- 보고 및 검토 : 이 협약에 서명한 국가는 협약 이행 상황을 정기적으로 보고하며 포획 활동과 관련된 데이터를 제출하며, 이를 검토하고 필요한 경우에는 조치를 조정하거나 강화할 수 있다.
- 합의체 및 실행 기구 : 남극물개보존협약의 이행과 관리를 담당하는 주요 기구로서 남극해양생물자원보존위원회(CCAMLR)를 설치하여, 회원국 사이의 협력을 조정하고 보호 조치의 효과를 평가한다.

남극물개보존협약은 남극 해양생태계 보호를 위한 중요한 국제조약으로, 물개 개체수 회복과 서식지 보호에 기여하였다. 이 협약은 상업적 남획을 규제하고 과학적 연구를 통해 물개 보호에 대한 이해를 높이며, 국제협력을 통해서 남극 생태계의 지속 가능한 관리를 촉진하는 데 중요한 역할을 하였다. 이후 남극 해양생물자원과 환경보호를 위한 포괄적인 협정들로 이어졌다.

2. 남극조약체계의 조약 2

남극조약의 체결과 더불어 관련 조약들이 논의되는 1970년대 후반에도 남극의 해양생태계가 상업적인 어업 활동으로 위협을 받으면서, 남극 해역의 생물 자원 전체를 포괄적으로 보호해야 할 필요성이 대두되었다. 특히 크릴 어업의 급격한 증가가 남극 생태계에 미치는 영향을 우려한 과학자들과 환경보호 단체들은 이러한 종합적인 조약의 체결을 강도 높게 요구하였고, 이에 따라 여러 논의를 거쳐 1980년 남극해양생물자원보존협약Convention for the Conservation of Antarctic Marine Living Resources)이 체결되어 1982년 발효되었다.

이 조약은 남극 해양 생물 자원의 보존과 합리적인 이용을 통해 생태계의 지속 가능성을 보장하는 것인데, 이른바 생태계 접근 방식(ecosystem approach)을 채택하여 해양 생물 자원의 남획을 방지하고, 생태계의 건강과 생산성을 유지하는 데 중점을 두었다. 이 조약의 주요 내용은 다음과 같다.

- 생태계 접근 방식 : 단순히 특정 종의 보호에만 집중하지 않고, 남극 해양생태계 전체의 균형을 유지하는 것에 중점을 두며, 어업 활동이 생태계에 미치는 영향을 평가하고, 필요한 보호 조치를 시행한다.
- 어업 규제 : 남획을 방지하기 위해 어획량 제한 및 어획 방법 규제를 도입하고, 어업 활동의 영향을 지속적으로 감시하여

필요한 경우 규제를 강화하며, 특정 어종의 포획 금지 기간과 보호구역을 설정한다.

- 과학적 연구와 모니터링 : 협약 이행을 위한 과학적 연구와 감시 프로그램을 운영하고, 연구 결과를 바탕으로 어업 규제를 조정하여 보호 조치를 강화한다. 또한 남극 해양생태계의 상태를 평가하고 데이터를 공유한다.
- 국제협력 : 협약에 서명한 국가들 사이의 협력을 촉진하여 정보 공유와 공동 연구를 장려하고, 국제회의를 통해서 협약의 이행 상황을 검토하며 필요한 경우의 조치를 취한다.
- 남극해양생물자원보존위원회 : 이 위원회는 협약의 이행을 감독하고 관리하는 주요 기구로서, 회원국 사이의 협력을 유도하고 의견을 조정하는 역할을 한다. 이 위원회는 정기적으로 회의를 개최하여, 어업 규제, 보호 조치, 과학적 연구 결과 등을 논의하고 결정한다.

남극해양생물자원보존협약은 남극조약의 취지 아래에서 어업 활동이 생태계에 미치는 부정적 영향을 최소화하고 남극 해양 생물 자원의 합리적 이용을 보장하는 기준을 마련하였다. 이 협약은 남극 해양생태계의 지속 가능한 관리와 국제협력을 유도하기 위한 중요한 법적 기반을 제공하였으며, 특정 종에 국한하지 않고 포괄적인 보호를 위한 생태계 접근 방식을 채택함으로써 남극 해양생태계 전체의 건강과 생산성을 유지하는 역할을 하였다.

남극 대륙에는 다양한 광물 자원이 매장되어 있다고 평가되고 있다. 1970년대와 1980년대 초반까지 남극의 광물 자원을 탐사하고 개발하려는 국제사회의 관심이 커지면서 남극 환경에 미칠 영향에 대한 우려도 증가하였다. 이에 따라 남극에서의 광물 자원 개발 활동을 규제하고 환경보호를 강화하기 위한 국제적인 조치가 필요하게 되었다. 이러한 목적으로 1988년 6월 남극광물자원활동규제협약(Convention on the Regulation of Antarctic Mineral Resource Activities)이 체결되었다. 이 협약은 실질적으로 발효되지는 못했으나, 이 협약의 채택 자체가 남극 환경보호에 중요한 의미를 갖는다.

이 협약은 광물 자원 활동이 남극 생태계에 미치는 부정적인 영향을 최소화하고 환경보호를 위하여, 남극에서의 광물 자원 탐사 및 개발 활동을 규제하여 남극 환경과 생태계를 보호하고자 하였다. 이 협약의 주요 내용은 다음과 같다.

- 환경보호 조치 : 이 협약은 광물 자원 활동이 남극 환경에 미치는 영향을 최소화하기 위한 엄격한 환경보호 조치를 규정하였고, 이러한 활동이 환경에 미치는 잠재적 영향을 사전에 평가하여, 필요한 경우에는 조치를 강화하고자 하였다.
- 규제 절차 : 이 협력은 광물 자원 활동을 위한 허가 절차를 규정하여 활동을 엄격히 규제하였다. 또한 광물 자원 활동을 위한 허가를 신청하면 환경영향 평가를 받도록 하여 그 결과에 따라 허가 여부를 결정하도록 하였다.
- 국제협력 : 이 협약에 서명한 국가들은 남극에서의 광물 자원

활동을 규제하고 관리하기 위해 상호 협력을 약속하였으며, 국제회의를 통해서 협약의 이행 상황을 검토하고 의견을 조정하고자 하였다.

- 보호구역 설정 : 이 협약은 남극의 특정 지역을 보호구역으로 지정하여 광물 자원 활동을 제한하거나 금지하였다.
- 감시 및 보고 : 이 협약은 남극에서의 광물 자원 활동을 지속적으로 감시하여 환경에 미치는 영향을 평가하고자 하였고, 협약 이행 상황을 정기적으로 보고하여 투명성을 보장하고 국제적 신뢰를 유지하려고 하였다.
- 긴급 조치 : 이 협약은 환경에 심각한 위협이 발생하면 활동 중단, 환경 복구 등 긴급 조치를 통하여 피해를 최소화한다는 규정을 마련하였다.

남극광물자원활동규제협약은 남극 환경의 보호를 위한 중요한 조약으로, 남극에서의 광물 자원 활동을 엄격히 규제하는 역할을 하였다. 비록 이 협약이 실질적으로 발효되지는 못하였으나, 이 협약의 채택은 남극 환경보호의 중요성을 국제사회가 새롭게 인식하는 계기를 마련하였고, 이후 남극 환경 보호를 위한 더 강력한 조치와 협약들이 채택되는 배경이 되었다.

3. 마드리드의정서와 환경보호강화

남극조약과 그 부속 협약들은 남극 지역의 군사적 이용 금지와 평화적 이용 촉진, 과학적 연구의 자유 등을 규정하고 있었으나, 포괄적인 환경보호에 대한 구체적이고 강력한 규제는 미흡하였다. 특히 1988년 체결된 남극광물자원활동규제협약이 채택되었으나 발효되지 못한 상황에서, 남극의 환경보호를 위한 포괄적이고 더욱 강력한 규제 체계가 필요하다는 국제사회의 인식이 공유되었다.

이러한 배경에서 1989년 남극조약 협의 당사국 회의에서 남극의 환경보호를 위한 새로운 협약을 논의하기 시작하였다. 여러 논의를 거쳐 1991년 10월 스페인의 마드리드에서 환경보호에 관한 남극조약의정서(Madrid Protocol to the Protection of the Antarctic Environment, 마드리드의정서)가 채택되었다. 이 의정서는 남극 환경 보호를 위한 포괄적이고 강력한 규제 체계를 마련하는 것을 목표로 마련되었으며, 1998년 1월부터 발효되어 남극 환경보호의 새로운 장이 열렸다. 이 의정서의 주요 내용은 다음과 같다.

- 환경보호의 원칙 : 남극에서 이루어지는 모든 활동은 환경과 관련 생태계에 부정적인 영향을 최소화해야 하며, 환경보호를 위한 사전 예방적 접근이 강조된다.
- 환경영향평가 : 남극에서의 모든 활동은 사전에 환경영향평가를 받아야 하며, 평가 결과에 따라 활동의 허가 여부와 조건이 결정된다.

- 광물 자원 활동 금지 : 남극 환경과 생태계를 보호하기 위한 중요한 조치로서, 남극에서의 상업적 광물 자원 탐사 및 개발 활동은 금지된다.
- 보호 지역 지정 : 남극의 특별한 환경적, 과학적, 역사적 가치를 지닌 지역을 특별관리지역과 특별보호지역으로 구분되는 보호 지역으로 지정하고, 이들 지역에서는 엄격한 보호 조치가 시행된다.
- 폐기물 관리 : 남극에서 발생하는 모든 폐기물은 철저히 관리되어야 하며, 가능한 한 남극 밖으로 반출되어야 한다. 이러한 목적으로 폐기물 처리를 위한 구체적인 지침과 규정이 마련된다.
- 오염 방지 : 남극 환경을 오염시킬 수 있는 모든 활동에 대한 엄격한 규제를 시행하며, 특히 해양 오염 방지를 위한 조치가 강화된다.
- 과학적 연구 : 남극 환경 보호를 위한 과학적 연구와 감시가 장려되며, 연구의 결과는 국제적으로 공유되어 환경보호 정책과 조치에 반영된다.
- 구조 활동 : 남극에서의 구조 활동과 환경 비상 대응 계획을 마련하여, 환경 사고가 발생하면 신속히 대응할 수 있도록 한다.
- 국제협력: 남극조약 체제 회원국 사이의 협력을 통해서 환경보호를 위한 공동 노력을 강화한다. 구체적으로는 정보의 공유와 공동 연구를 통해서 효과적인 환경보호 조치를 마련하고 추진한다.

환경보호에 관한 남극조약의정서는 남극 환경 보호를 위한 가장 포괄적이고 강력한 국제 협정으로 평가받는다. 이 마드리드의정서는 남극 환경보호를 위한 중요한 조약으로 남극에서의 모든 활동이 환경보호를 최우선으로 고려하도록 규정하여, 남극에서의 인간 활동을 엄격히 규제하고 남극 대륙의 생태계를 장기적으로 보호하는 역할을 하였다. 이 의정서는 특히 광물 자원의 개발 금지와 환경영향평가 도입은 남극 환경보호의 핵심적인 진전을 이루었고, 남극 생태계의 지속 가능한 보존과 남극조약 체제의 환경보호 노력을 더욱 강화하는 계기를 마련하였다.

4. 남극조약체계의 작동

남극조약에서 시작된 남극조약체제는 남극 대륙과 주변 해역의 평화적 이용과 환경보호, 과학적 연구의 자유를 보장하는 여러 조약이 체결되면서 점차 본격적인 국제협력 체제로 발전하였다. 이 남극 환경보호 체계는 남극조약을 중심으로 여러 부속 조약과 의정서로 이루어져 있으며, 그 운영과 관리는 다양한 기구와 회의를 통해 이루어진다.

남극조약 협의 당사국 회의(Antarctic Treaty Consultative Meeting, ATCM)는 남극조약을 체결한 회원국 중에서 협의 당사국(Consultative Parties)의 지위를 가진 국가들로 구성되어 매년 개최되는 행정과 관리를 위한 포럼이다. 이 회의는 초기 남극조약 서명국 외에 남극 대륙에서 상당한 과학연구 활동을 수행하여 남극 대륙에 관심을 입증한 국가들로 구성된다. 협의 당사국 회의는 남극조약과 그 부속 조약들의 이행을 감독하고, 새로운 규정과 정책을 논의하거나 채택하는 역할을 한다. 또한 이 회의에서 남극 환경보호, 과학협력, 운송 지원 등에 관한 문제를 논의하기도 한다.

남극조약 사무국(Antarctic Treaty Secretariat)은 아르헨티나의 부에노스아이레스에 위치하고 있는데, ATCM 및 남극조약 관련 회의의 행정적 지원을 제공하고, 협약과 의정서의 이행 상황을 감시하며, 정보와 자료를 회원국과 공유하는 역할을 한다. 사실 남극조약체제는 지속적인 행정기관이 없는 상태로 운영되었다가, 부에노스아이레스에 상설 사무국 설치를 결정하였고, 2004년 9월 공식적으로 운영을 시작하였다. 사무국의 구체적인 업무는 다음과 같이 요약된다.

- ATCM 등의 회의 지원
- 남극조약 및 의정서에 따른 필요한 당사국 간의 정보 교환 촉진
- ATCM 관련 문서의 편집, 저장, 보관 및 제공
- 남극조약체계와 남극 활동에 대한 정보 촉진/전파

이밖에 남극해양생물자원보존위원회(Commission for the Conservation of Antarctic Marine Living Resources, CCAMLR)는 협약에 서명한 회원국들로 구성되어, 남극 해양 생물 자원의 보존과 관리, 지속가능한 어업 활동을 규제하고 감독하며, 과학적 연구와 데이터를

기반으로 어획량 제한 등을 설정하는 역할을 한다.

남극조약체제는 남극조약과 관련 부속 조약들의 기준에 따라 다음과 같은 운영 원칙과 절차로 작동한다.

- 과학적 협력 : 남극조약체제는 과학적 연구와 국제협력을 핵심 원칙으로 삼는다. 남극에서의 과학연구의 결과는 공유되며, 연구를 통한 새로운 발견은 남극 환경 보호와 관리 정책에 반영된다.
- 평화적 이용 : 남극 대륙은 군사적 활동이 금지되어 있으며, 평화적 목적을 위한 이용만이 허용된다.
- 환경보호 : 환경영향평가, 폐기물 관리, 오염 방지 등의 구체적인 조치를 포함하여 남극 생태계의 장기적인 보존을 목표로 마드리드의정서를 기반으로 남극 환경 보호가 체계적으로 규제된다.
- 협의와 합의 : 협약의 이행과 새로운 규정 채택에 있어 투명성과 공정성을 보장하기 위해서 남극조약체제의 운영은 협의와 합의를 기반으로 한다.

남극조약체제는 남극 대륙과 주변 해역의 평화적 이용과 환경 보호, 과학적 연구의 자유를 보장하는 남극 지역에 관한 중심 거버넌스 체계라고 할 수 있다. 국제사회는 남극조약과 관련 조약에 근거하여 합법성을 확보하고, 남극의 독특한 생태계를 보호하고 지속 가능한 관리와 보존을 추구한다. 남극조약체제는 구체적인 조치가 효과적으로 작동할 수 있도록 다양한 기구와 회의를 통해서 체계적으로 운영되며, 국제사회의 협력과 합의를 바탕으로 발전하고 있다.

[그림 5-7. 1957년과 1958년의 국제지구물리년의 로고]

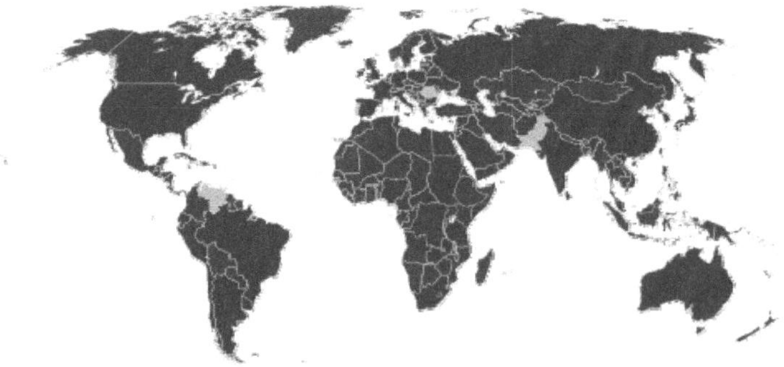

[그림 5-8. 남극조약 회원국 지도]

CHAPTER

8

유럽의 극지거버넌스

Chapter

8 유럽의 극지거버넌스

1. 유럽의 극지 관련 국제법 참여

극지역에 관심을 가졌던 유럽 사람들은 과학과 기술의 발전을 바탕으로 탐험가들도 낳았다. 특히 남극에 비하여 북극 지역이 오랫동안 유럽의 이해관계가 민감하게 교차하며 분쟁을 낳았던 무대였기 때문에, 유럽 국가들은 북극 관련 정책과 제도들을 꾸준히 진화시켰다. 이를 바탕으로 유럽 국가들은 오랫동안 북극 지역에 관한 국제법상을 발전시키고 집단적 대응을 하거나 갈등을 해결하기 위해서 국제사회에서 협력하기도 하였다. 예를 들어, 북극 지역의 현안을 논의하고 기후변화 등에 대한 국제적 대응을 주도하고 있는 주요 주체인 북극이사회 회원국 중에서 다수가 유럽 국가들이다. 또한 노르웨이를 포함한 유럽 국가들은 오랜 기간 영토분쟁에 관한 국제법의 모델로 활용되고 있는 스발바르 조약을 초기부터 주도하였다.

최근 기후온난화로 인한 환경변화와 교통기술의 발달로 인한 접근가능성의 확대 등 전 지구적 문제와 상황들은 극지역에 관한 국제법의 발전에 있어서 변화를 요구하고 있다. 이러한 문제들은 이 지역이 가지는 지역적 특색을 반영한 양자 간 또는 지역 내 조약의 발전보다는, 전 인류와 지구에 공통적인 가치와 원칙이 더욱 중요하게 반영된 국제법의 발전을 요청하고 있다. 오래전부터 환경문제와 인권, 평화, 지속가능성 등 유럽의 가치가 이 지역과 관련된 새로운 국제법의 패러다임 구축을 위해서 활용될 수 있을 것이다.

대표적인 사례가 유럽 국가들이 체결한 OSPAR 협약이다. 1992년 체결된 OSPAR 협약이라고 부르는 북동대서양 해양환경보호협약(Convention for the Protection of the Marine Environment of the North-East Atlantic)은, 기존 유럽의 협약이었던 오슬로 협약과 파리 협약의 모든 당사국에 룩셈부르크가 추가되어 서명하였다. OSPAR 협약은 현재 해양 생물다양성, 영농화, 해양으로의 위험 및 방사능 물질의 방출, 연안의 석유 및 가스 관련 산업, 환경 조건의 기본 모니터링에 대한 유럽식 표준을 적용하여 규제하고 있다.

북극 지역 국가들의 정부 간 협의체인 북극이사회의 출범에 유럽의 국가들이 다수 참여하면서 큰 역할을 하였다. 북극이사회의 정식 회원국 중에서 덴마크, 핀란드, 아이슬란드, 노르웨이, 스웨덴이 포함되어 다수를 차지하며 현재 북극이사회의 논의를 주도하는 것도 분명하다. 특히 북극해와 직접 국경을 만나고 있는 노르웨이 등은 북극이사회의 중심적 역할을 자처하고 있다. 북극이사회의 옵서버 국가에도 유럽의 많은 국가가 참여하고 있으므로, 유럽 국가들의 역할이 앞으로도 지속될 것이다. 북극이사회를 통해서 논의가 진행된 다양한 북극 관련 조약들도 유럽 국가들의 주도로 마련된 경우가 많다.

유럽지역 국가들의 개별적인 노력과 별개로 EU 차원에서도 북극 지역 문제에 대한 정책을 실행하고 있는데, EU의 정책이 그 자체로 국제사회에서 논의를 한층 발전시키고 실효적인 국제법을 형성한다. 전통적인 이해관계자에서 발전한 북극 지역에 대한 그들의 정책과 제도는 최근 새로운 모습으로 변모하고 있다. 2015년 북극 지역 5개국은 노르웨이 오슬로에서 예방적 접근을 근거로 중앙북극해에서의 비규제 공해어업방지에 관한 선언(오슬로 선언)을 발표하였는데, 여기에서 출발한 논의는 '중앙북극해 비규제 공해어업방지 협약안'으로 발전하여 러시아를 포함한 북극해 연안 5개국(미국, 러시아, 캐나다, 덴마크, 노르웨이)과 비연안 5개국(한국, 중국, 일본, 아이슬란드, EU)이 당사자로 참여하여 2018년 조약으로 체결되었다. 이 과정에서도 유럽 국가들이 중추적인 역할을 하였다고 평가할 수 있다.

2. 극지 기후변화에 관련된 EU의 환경정책과 국제 거버넌스 참여

유럽지역의 통합체인 유럽연합(European Union, EU)은, 극지역의 지속가능한 발전을 보장하는 동시에 환경 보호라는 과제를 동시에 충족하는 국제사회의 기준을 강화하려는 목표를 명확하게 하고 있다. 유럽 국가들은 기후변화로 인한 북극 지역의 온난화, 그리고 연쇄적인 해빙이 이 지역의 경제적 개발에 긍정적으로 작용하기를 기대하고 있다. 그러나 EU의 전반적인 환경정책의 마련과 시행에 대한 지침(Guidance)으로서 환경행동계획(Environment Action Program to 2020)은, 역내 자연자본을 보존하고 EU를 효율적이면서도 경쟁력을 갖춘 저탄소-경제로 전환하며, 건강과 안위에 대한 위험, 그리고 환경 관련 부담으로부터 보호한다는 목표를 세웠다.

다른 지역보다 빠르게 나타나는 북극 지역에서의 온난화 현상은 인위적인 온실가스 배출량의 감축에 대한 필요성을 절감케 한다. 특히 그린란드 빙하들이 녹아내리는 속도가 1980년대 이후 6배, 그리고 세계 평균의 2배로 진행되어 빙하의 크기도 빠르게 줄어들고 있다. 스웨덴, 핀란드, 덴마크 등 EU 회원국들이 인접한 지역에서도 빙하가 녹으면서, 해수면의 상승 및 환경에 대한 심각한 영향이 나타나고 있다. 또한 빙하 면적이 급속히 줄어들면서, 동물들의 안식처가 사라지고 북극 지역의 생태계에서 혼란이 발생하는 등 심각한 문제가 드러나고 있다.

파리기후변화협약(Paris Agreement)의 당사자인 EU는 2030년까지 온실가스의 배출량을 1990년대 기준 40%까지 감축하고자 노력하고 있다. EU 집행위원회는 기후변화와 관련 활동에 예산의 20%를 편성하기도 하였다. 특히 EU는 '장거리 초국경성 대기오염협약에 관한 괴텐버그 의정서'라는 국제적인 대기오염원협약의 내용을 특정 대기오염원 국가배출량 최대한계지침(National Emissions Ceiling Directive)으로 반영하였다. 이러한 EU 지침은 앞서 언급된 환경행동계획에서 제시된 대기의 질 향상 및 유지의 목표와 조화된다.

2016년 EU 집행위원회가 발표한 북극종합정책(An Integrated European Union Policy for the Arctic)에는 북극 지역의 온실가스 배출량 감축 정책을 비롯한 기후변화 관련 정책들이 있다. 여기에서는 기후변화와 북극환경(Climate Change and Arctic Environment), 북극에서의 지속가능개발(Sustainable Development in the Arctic), 그리고 북극의 문제들에 관한 국제협력(International Cooperation on the Arctic matters) 분야를 주요 축으로 세부적인 정책들을 마련하여 시행 중이다.

EU는 기후변화와 북극환경의 보호를 위해서 많은 예산을 편성하여 북극통합관측, 북극기후변화 및 그에 따른 사회·경제·환경 충격, 북극으로의 오염물질 유입 및 외래종 침입 대응, 석유와 가스 개발의 환경충격 대응 등을 추진하고 있다. 북극 지역에만 50만 명의 EU 시민이 거주하고 있다는 점도 EU의 북극 지역에 대한 온실가스 배출량 감축 정책 실효성의 필요성을 뒷받침한다. 이제 EU는 기후변화 측면에서 북극 지역에 대한 구체적인 정책이 필요함을 인식하였다.

EU의 '북극 및 그 주변 지역에서의 지속가능개발'은 북극의 전통(문화, 언어, 경제활동 등)을 보호하고, 북극 경제개발이 북극 환경에 주는 충격을 완화하고 방지하는 것을 목표로 주요 사업을 하고 있다. 특히 EU는 경제활동 및 정책의 결정이 북극에 적지 않은 악영향을 주고 있다고 생각한다. 예를 들어, 북극 지역 국가들이 생산하는 에너지 및 수산업의 주요 소비시장이 EU 회원국이므로, 북극 개발/산업활동의 도의적 책임자로서 EU가 북극의 지속가능개발에 역할을 해야 한다는 명분을 갖는다. 그래서 북극 사회(Arctic Society)에 대한 경제, 사회, 환경의 회복(Resilience)을 지원한다는 전략이다.

EU는 북극이사회 활동에 적극적인 참여 및 협력을 지속하고, 유럽 바렌츠해의 협력을 목적으로 바렌츠-유로 북극이사회(Barents Euro-Arctic Council, BEAC)를 덴마크, 핀란드, 아이슬란드, 노르웨이, 러시아, 스웨덴 등과 구축하여 지역협력기구로서의 활동도 강화하고 있다. 또한 EU는 월경성 장거리 이동 대기오염물질에 관한 협약(Convention on Long-range Transboundary Air Pollution, CLRTAP) 등 북극 환경문제에 적용되는 국제조약 체결에도 협력한다. 현재도 북극이사회 관련 회의에서 EU는 대표를 파견하여 이슈를 파악하고 대응하고 있다.

3. 북극 지역의 소수민족 관련 정책

북극 지역에는 100만여 명의 원주민들이 정착해 살아가고 있는데, 무려 40여 소수민족들이 원주민 사회를 구성하고 있다. 이러한 다양성은 사람, 공동체, 국가들의 이해관계 차이로 갈등이 만들기도 하였다. 많은 갈등에 대응하는 노력도 누적되고 있는데, 특히 현대사회에 들어서는 경제개발과 환경오염 등의 문제들 그리고 소수민족 언어와 문화 및 사회적응에 대한 정책들이 제안되고 이행되고 있다. 많은 북극 지역의 유럽 국가들 또한 기후변화와 더불어 이러한 문제점을 우려하는 분야로 손꼽는다.

북극 지역에서 오랜 기간 생활한 주민들을 어떻게 보호할 것인가에 대한 논의는 국제사회에서 주요한 과제가 되었다. 이 지역의 원주민들은 혹독한 추위와 농경이 거의 불가능한 환경 속에서 생존하였기 때문에 특정한 전통들을 가지고 있다. 수렵이 기본인 환경에서도 원주민들이 생존할 수 있었던 것은 전통적인 삶의 방식과 지식이 세대에 걸쳐 내려왔기 때문이었다. 그러나 현대사회에 들어서면서 기술문명이 북극 지역에 접근하게 되었고, 다른 형태의 경제활동과 문화가 추가되었다.

소수의 원주민은 자급자족과 수렵생활 그리고 전통지식을 대물림하다가, 자본주의 시장경제에 적응해야 했고 지역을 지배하는 국가들이 요구하는 교육과정을 따르게 되었다. 이 과정에서 많은 원주민이 변하는 사회에 적응하고자 도시로 이동해서 지역 간 불균형이 발생하였고, 실업과 상대적 박탈감, 사회로부터 소외 등 다양한 문제들을 겪고 있다. 특히 북극 지역은 우울증으로 인한 청소년의 자살률이 높은 편이어서 각국 정부도 우려하고 있는 부분이다.

이들은 유럽에서 소수민족으로 취급되어, 보호와 지원의 대상이 되고 있다. 예를 들어, 노르웨이 핀마르크(Finnmark)주에 4만 명 이상 거주하는 사미족은 토지에 대한 역사적 소유권을 법적으로 인정받고 있으며, 해당 토지에 속하는 자원에 대한 권리도 획득할 수 있게 되었다. 유럽의 북극 지역 국가들은 소수민족의 형평성을 고취하는 다양한 접근을 제도화하고 있다. 북극 지역의 소수민족에 대한 보호는 인권과 환경 등을 중요시하는, 이른바 '유럽의 가치'를 반영할 수 있는 민감한 문제이기도 하고, 국제사회에서 북극의 지속가능한 발전과 공존을 위한 핵심 논제이다. 유럽의 북극지역 소수민족에 대한 관심은 1990년대부터 본격적으로 시작됐다. 이후 2000년대로 넘어가면서 EU 차원의 기준이 마련되었다. 그리고 이해관계가 큰 북유럽 국가들을 중심으로 EU 기준에 합치하는 새로운 소수민족 정책이 도입되었다.

유럽의 소수민족 보호에 관한 기본협약은 1994년에 EU 각료이사회에 의해서 승인되었다. 이후 1999년 12월에 EU 회원국인 스웨덴은 소수민족 및 지역 언어에 관한 유럽의 기준을 받아들이기로 하였고, 의회는 2000년 2월 그 협약을 비준하였다. 스웨덴 소수민족 정책 목표는 스웨덴의 소수민족들을 보호하고 그들의 영향력이 발휘될 기회를 강화하며, 동시에 소수민족 언어를 지원함으로써 그 언어와 정신이 생존할 수 있도록 하는 것이다. 그래서 이러한 그룹들이 스스로 참여하는 것은 매우 중요하다. 국가로서 스웨덴은 국내 소수민족들이 자신의 문화를 간직하고 발전시키며 종교, 언어, 전통과 문화유산같이 중요한 부분을 유지할 가능성이 있는지를 살펴야 한다.

스웨덴의 경우를 자세히 살펴보면, 국내의 소수민족에 관한 지식을 강화하기 위해서 교육과 연구 분야에서 일정한 조치를 취할 수 있다. 그러한 조치에는 교과서와 고유의 교육기관을 두는 것 등이 포함된다. 스웨덴 소수민족에 속하는 사람은 자신의 언어를 배우고 발전시키며 사용할 수 있는 권리가 있으며, 스웨덴 정부는 그러한 가능성이 주어지는지 관리 및 감독하여야 한다. 현재 스웨덴의 소수민족 언어로서 핀란드어(finska), 이디시어(Jiddisch), 메앤키엘리(Meänkieli), 롬어(Romani chib), 사미어(Samiska)가 승인을 받았다. 이러한 예를 통해 소수민족들은 그들에게 영향을 주는 문화적, 사회적, 경제적 및 공적인 삶에 참여할 수 있음을 볼 수 있다.

이러한 소수민족 그룹들은 차별, 적대감과 폭력과 같은 것으로부터 보호받고, 기본적인 인권과 자유를 보장받아야 한다. 소수민족은 집회, 연맹, 발언, 사고, 양심 및 종교의 자유에 대한 권리를 지니며 또한 자신의 언어로 견해와 발언의 자유에 대한 권리를 지닌다. 스웨덴 국내 소수민족들은 사적이든 공적이든 그리고 구어로든 문어로든 자신의 언어를 사용할 권리를 가진다. 국내 소수민족 사람들이 전통적으로 상당수가 거주하고 있는 지역에서는 행정기관에서 소수민족의 언어를 사용할 수 있다는 전제가 있어야 한다.

4. 유럽의 북극 지역 안보 문제에 관한 대응

북극 지역은 지정학적 필요성에 기인하여 세계대전에서도 많은 전투가 있었던 지역이며, 냉전 시대를 거치면서도 평화와 위험이 공존하는 복잡한 상황에 놓이기도 하였다. 이 지역을 두고 군사적 경쟁이 새롭게 강화되면서, 유럽의 국가들도 민감한 반응을 드러

내고 있다. 유럽의 안보 문제는 최근 EU에서 활발한 논의가 진행된 분야 중의 하나이며, 북극 지역에서 특정 국가의 군사행동에 관한 EU 차원의 공동대응전략이 꾸준히 논의되고 있다.

북극 지역에서의 안보 문제에는 이 지역의 개발과 지구온난화 등의 상황의 영향이 있었다. 특히 기후변화로 인해 빙하가 녹기 시작하면서 북극을 관통하는 항로가 확대되면서 이 지역 안보의 핵심으로 부상하였다. 유럽에서 아시아로 가는 길은 수에즈 운하를 거쳐 30일 가까이 걸린다고 알려져 있으나, 북극을 가로지르는 북극항로를 활용하면 그 기간이 16일로 단축되는 등 시간과 비용의 절감이 상당하다고 알려져 있다. 북극해의 교류가 확대되어 이 지역이 많은 관심을 받고 인접 국가들의 이해관계가 갈등을 낳게 되었다. 러시아는 북극항로의 개발과 활용이 실현되기 시작하면서 전통적인 안보 문제를 경제적 가치와 연결하고 있다.

전통적인 북대서양조약기구(North Atlantic Treaty Organization, NATO)에 안보 문제를 의존하였던 유럽은, 유고슬라비아 내전과 해체라는 상황들을 경험했다. 이와 같은 경험에 대한 반성에서 시작된 유럽안보방위정책(European Security and Defence Policy, ESDP)은 유럽 안보정책에 필요한 효과적인 협력의 틀을 제공하였다. 그러나 유럽의 안보에 관한 논의는 여전히 국가 단위에서 결정되었거나 NATO의 영향이 크게 작용하는 수준에 그쳤고, 유럽의 안보전략은 인종 분쟁이나 조직범죄에 대응하는 수준에 머물렀다.

노르웨이와 러시아는 오랜 기간 지속되던 국경분쟁을 2010년 바렌츠해 및 북극해에서의 해양경계 획정 및 협력에 관한 협정(Treaty on Maritime delimitation and Cooperation in the Barents Sea and the Arctic Ocean)을 체결함으로써 어느 정도 해소하였다. 그러나 북극 지역의 국가들 사이에서는 해양 경계와 관련된 갈등이 반복된다. 이 지역에서 긴장을 유지하던 러시아(2013), 덴마크(2014), 캐나다(2019)는 UN해양법협약(United Nations Convention on the Law of the Sea, UNCLOS)에 따라 영유권을 확보하고자 자국의 대륙붕이 북극점과 이어진다는 과학적 근거를 UN대륙붕한계위원회(UN Commission on the Limits of the Continental Shelf, CLCS)에 제출하였다. 또한 NATO가 러시아의 움직임에 경계해 7,000여 명의 군사가 투입되는 대규모 군사훈련인 'Cold Response'를 진행하였다.

러시아 및 구소련의 위협에 대응하였던 북유럽 국가들의 외교안보협력 역시 이러한 상황들과 마주하고 있다. 북유럽 국가들을 노르딕 정체성에 근거한 '안보공동체' 건설을 위한 지역 협력을 추진하였다. 2000년대부터 북유럽 국가들의 군사협력이 확대되었는데, 2008년 북유럽 5개국은 노르딕지원방어구조(Nordic Supportive Defence Structures; NORDSUP)를 정식 기구로 출범시켰다. 아이슬란드와 덴마크가 참여하여 북극 지역을 포괄하는 북유럽 방위 협력체를 만든다는 생각이 현실로 구현된 것이다. 2009년에는 노르딕방위협력기구(Nordic Defence Cooperation, NORDEFCO)를 설립하면서, 북유럽 국가들은 국방을 강화하고 효율적인 공동 대응을 촉진하고자 하였다.

NORDEFCO의 주요 목적은 북유럽 국가에게 다자간 공동방위

정책을 도입하여 방위력을 강화하고 효율적인 작전을 수행하고자 하는 것이다. 전통적으로 러시아와 구소련에 대응하는 안보 전략을 유지하였던 북유럽 국가들은, 유사한 전략 운용 원리를 가지고 있으므로, 다양하고 효율적인 협력이 가능하다는 판단이었다. 이들은 방위 협력을 통해 각국의 방위 시스템을 조율하고 주요 정보를 교환하여 안보적 위기에 효과적으로 대응할 수 있다고 보았다. 유럽 국가들의 개별적인 안보정책과 EU의 공동안보정책, 그리고 북유럽 국가들의 방위협력체계 구축으로 이어지는 북극 지역과 연관되는 안보 및 군사 분야의 향후 움직임에 주목할 필요가 있다.

CHAPTER

9

한국의 극지법

Chapter

9 한국의 극지법

1. 한국의 극지정책과 남극활동법 및 극지활동진흥법의 제정

한국은 1990년대 이후부터 남극과 북극 지역에 관한 정책계획을 본격적으로 수립하였다. 이 과정에서 한국 정부는 남극에는 세종 및 장보고 과학기지를, 북극에는 북극 지역 연구를 위한 다산과학기지를 설치하고, 쇄빙연구선 아라온호 등을 건조하는 등 인프라 구축을 강화하였다. 한국은 남극조약체제에서 협의 당사국으로서 활동하며 북극이사회의 옵서버로도 활동하는 등 국제사회에서도 적극적인 활동을 위해 노력하였다. 한국은 극지역에서 지속가능성을 가지고 국익에 도움이 되면서 국제사회에도 기여하고자 하였는데, 자연스럽게 극지역 활동에 관한 기본적 사항을 규율하면서도 정책의 일관성을 확보할 수 있는 일반기본법이 필요하였다.

이러한 활동이 명확한 국내법적 근거를 가져야 한다는 의견이 공감을 얻으면서 2000년대에 남극조약체제 가입과 활동을 위한 '남극활동법'이 제정되었다. 그러나 북극 지역의 활동에도 법적 근거가 확보되어야 한다는 의견이 계속해서 힘을 얻으며, 극지활동 전반에 관한 일반법을 마련하고자 국회 차원의 논의가 계속되었다. 2021년에 발효된 극지활동진흥법이 그 결과물이라 할 수 있으며, 이를 통하여 한국의 북극 지역에서의 활동까지 포섭하는 극지활동에 관한 기본법 체계가 구축되었다.

한국의 극지에 관한 관심은 비교적 늦은 면도 있었으며, 관련 정책이 남극과 북극에 관한 활동진흥기본계획으로 나뉘어 수립되었다는 점도 주요 특징 중 하나이다. 남극지역에 관하여는 2004년에 '남극활동 및 환경보호에 관한 법률'(남극활동법)이 제정되었다. 이 법은 한국이 남극조약과 환경보호에 관한 남극조약 의정서 시행 등 남극조약체제에 적극적으로 참여하기 위하여 남극활동에 관한 사항을 규정한다. 남극활동법의 목적은 궁극적으로 이러한 남극활동을 통하여 남극환경의 보호와 과학기술의 발전에 기여하는 것이다.

남극활동법은 전체 28개조의 본문과 부칙으로 구성되어 있으며, 그 기능은 대체로 남극조약과 남극조약체계의 환경 논제 등에 관한 국제법들의 내용을 국내법으로 수용하고 구체화하는 것이다. 즉 이 법은 남극활동을 관리 감독하기 위하여 활동의 허가신청을 포함한 환경영향평가서의 작성, 동식물 보호를 위한 관련 활동의 허가, 남극특별보호구역 출입 및 활동, 폐기물 처리 및 관리, 해양오염 방지, 남극활동의 모니터링, 활동 결과의 보고에 관한 내용 등을 정하고 있다. 본문 조항의 구성은 다음과 같다.

제1장 총칙

제1조(목적) / 제2조(정의) / 제3조(금지행위)

제2장 남극활동의 허가

제4조(남극활동의 허가) / 제5조(남극활동허가의 신청) / 제6조(결격사유) / 제7조(환경영향평가서 작성 등) / 제8조(허가에 관한 협의 등) / 제9조(조건부 허가) / 제10조(허가의 제한) / 제11조(허가를 받지 아니하는 남극활동 등) / 제12조(허가의 취소 및 정지 등)

제3장 남극환경의 보호

제13조(남극토착동식물의 포획 등의 승인) / 제14조(남극특별보호구역 등의 보호) / 제15조(폐기물의 처리 및 관리) / 제16조(해양오염방지) / 제17조(남극환경모니터링)

제4장 지도 및 감독

제18조(남극활동감시원의 지명 및 활동 등) / 제19조(남극활동결과 등의 보고) / 제20조(시정명령)

제5장 남극연구활동의 진흥 등

제21조(남극연구활동진흥기본계획의 수립·시행) / 제21조의2(실태조사)

제22조(홍보 및 교육)

제6장 벌칙

제23조(벌칙) / 제24조(벌칙) / 제25조(벌칙) / 제26조(양벌규정) / 제27조(과태료)

이 법은 남극조약체계를 국내법으로 수용하는 측면에서 '국제법의 국내법화'라는 기능을 가지며, 한국이 남극지역에서 활발히 연구 및 기타 활동을 하도록 지원하는 여러 가지 규정들도 포함하였다. 특히 제5장 남극연구활동의 진흥 등에 관한 조항들은 남극연구활동진흥기본계획의 수립과 시행(제21조), 실태조사(제21조의 2), 홍보 및 교육(제22조)에 관한 내용을 담았다.

한국이 남극조약체계에 참여하고 남극활동법을 제정하면서 남극활동에 관한 정책과 법체계가 마련되었으나, 북극의 활동에 관하여는 2013년에 북극이사회의 정식 옵서버 지위를 취득하고 북극정책기본계획을 수립하였다. 이러한 상황은 극지활동에 관한 통일된 국가정책과 통합적 근거법이 마련되어야 한다는 논의로 연결되었다. 결국 남극활동법에서 시작된 극지활동에 관한 국내법 제정은 북극지역 활동을 포함하는 일반법(기본법) 제정의 과제로 이동하였다.

극지활동 전반에 관한 법률이 마련되어야 한다는 논의는 계속되었고, 실제로 극지활동진흥법의 제정이 19대와 20대 국회에서 시도되었다. 이러한 법안들은 극지 관련 국가의 책무를 규정하면서, 극지활동 관련 기본계획 등의 수립에 관한 근거를 확보하고자 하였다. 이후 제21대 국회에서 정부가 제출한 「극지활동진흥법안」은 이전의 국회제정안과 유사한 내용을 담고 있었으며, 외교, 과학, 환경 등 관련 정부 부처 사이의 이견 및 상임위원회의 수정 의견을 조율하여 반영하였다고 평가되었다. 이렇게 마련된 법안은 2021년 「극지활동진흥법」으로 국회의 절차를 통과하고 법률 제18055호로 제정되었다.

[그림 6-1. 장보고 과학기지]

[그림 6-2. 아라온 호]

2. 극지활동진흥법의 내용

극지활동진흥법의 목적은 극지의 지속가능한 발전과 체계적인 극지활동을 육성·지원하여, 국가의 경제발전과 국민의 삶의 질 향상을 도모하고, 국제사회에서 인류 공통의 문제를 해결하고자 하는 것이다. 이 법은 2021년 10월 14일부터 시행되었는데, 이 법을 통하여 한국의 극지활동에 관한 국내법적 기반과 일관성 있는 극지정책을 위한 기준이 마련되었다고 평가할 수 있다.

극지활동진흥법은 전체 16개 조문으로 이루어진 본문과 부칙으로 구성되어 있으며, 대체로 ① 극지활동진흥기본계획의 수립, ② 실태조사, ③ 연구개발 등의 지원 및 전문인력의 양성, ④ 북극에서의 경제활동 진흥, ⑤ 극지활동 기반시설의 설치·운영, ⑥ 통합정보시스템의 구축·운영 등의 지원 근거를 규정하고 있다. 16개 조항의 구성은 다음과 같다.

제1조(목적)
제2조(기본이념)
제3조(정의)
제4조(국가의 책무)
제5조(다른 법률과의 관계)
제6조(극지활동진흥기본계획 및 시행계획의 수립·시행)
제7조(실태조사)
제8조(연구개발 등의 지원)

제9조(전문인력의 양성)
제10조(북극에서의 경제활동 진흥)
제11조(극지활동 기반시설의 설치 · 운영)
제12조(국제협력의 촉진)
제13조(극지통합정보시스템의 구축 · 운영)
제14조(극지환경의 보호 및 안전관리)
제15조(교육 · 홍보)
제16조(권한 또는 업무의 위임 · 위탁)

극지활동진흥법 제1조와 제2조는 이 법의 목적과 취지를 규정하면서 제3조의 정의규정과 함께 기초를 제공하고 있다. 제4조는 관련 국제조약의 준수, 국제협력 증진, 인류 공동의 문제 해결을 위한 국가의 기본적인 책무를 규정하였다. 또한 제5조는 다른 법률과의 관계를 규정하여, 이 법이 극지활동과 관련된 일반법적인 성격을 가진다는 점을 명시하면서 총론적인 기능을 하고 있다.

제6조는 극지활동 진흥을 위하여 극지활동진흥기본계획을 수립하도록 하고, 이에 합치하는 시행계획을 수립하도록 하였다. 극지와 관련된 정부의 기본계획이 '남극연구활동진흥기본계획'과 '북극활동진흥기본계획'으로 나뉘었던 것을 감안하면, 장기적 안목에서 남북극의 활동을 종합하는 '극지활동진흥기본계획'을 수립하고 시행하는 법적 근거를 마련하였다는 점에서 의미가 있다. 제7조는 극지의 전반적인 분야에 대한 조사와 관련 자료 제출 요청의 근거를 마련하여 기본계획과 시행계획의 내실화를 기하였다.

극지활동진흥법 제8조는 연구개발을 촉진하고 공동연구 등을 지원하는 국가의 책무를, 제9조와 제10조는 전문인력의 양성 및 북극에서의 경제활동 진흥을 위해 필요한 시책을 규정하였다. 또한 제11조는 극지활동 기반시설의 설치와 운영, 제12조는 극지연구 관련 국제협력, 제13조는 통합정보시스템의 구축에 관한 사항을 규정하였다. 이밖에 제14조는 극지환경의 보호와 안전관리에 관한 체계, 제15조는 극지활동 관련 교육 및 홍보사업, 제16조는 해양수산부 장관의 권한, 업무의 위임과 위탁에 관한 사항을 규정하였다.

2021년 10월부터 적용되기 시작한 극지활동진흥법은 한국의 극지연구와 관련 활동에 튼튼한 법적 근거와 기준을 제공하는 중요한 역할을 할 것이다. 이 법의 주요 기능이 극지활동에 관련되는 분야에 대한 국가의 지원을 약속하고 지속가능성 높은 정책을 수립하여 시행하도록 하는 것이므로, 향후 한국의 극지정책에 일관성을 부여하고 관련 기관이 안정적으로 사업을 시행할 수 있는 법적 인프라(Legal Infrastructure)를 구축했다고 평가할 수 있다.

3. 극지활동진흥법의 과제

극지활동진흥법의 제정에 대한 긍정적인 평가와는 별도로 일부 문제점도 발견된다. 우선 이 법의 명칭을 다시 한번 해석할 필요가 있다. 사실 이 법('극지활동진흥법')은 '극지활동'을 보다 '진흥'하고자 하는 목적도 분명히 있으나, 실제로는 한국의 여러 극지활동에 대한 법적 근거의 부족을 채우고, 활동의 효과성과 일관성을 높이기 위한 '기본법'이라는 측면이 강하다. 따라서 이 법의 명칭이 '진흥법'이라고 하는 것도 어느 정도 수긍할 수는 있으나 이 법의 우선적인 기능에 충실한 '기본법'이라는 명칭이 오히려 타당할 수 있다.

극지활동진흥법 제6조의 극지활동진흥기본계획에 관하여, 남극과 북극을 아우르는 통합적인 기본계획과 실행계획을 수립하고 실천하기 위한 노력이 필요하다. 남극과 북극에 개별적으로 적용되는 정책이 양 지역의 차이에서 비롯되고, 여러 배경과 근거에 따라서 다르게 수립되고 시행되었다는 지적은 이미 명확하지만, 이 법 제6조는 정책의 통합과는 다른 '법의 메커니즘'이라는 차원에서 조금 다른 의미가 있다.

예를 들어, 이 법에 의하여 조화·통합된 극지활동 정책과 계획이 수립되고 시행될 수 있다고 하더라도, (그것이 통합된 남북극기본계획이나 정책과 다른 의미를 가지는 것이라고 하더라도) 남극연구활동진흥기본계획이라는 별도의 정책 및 남극활동법 제21조 등 법적 근거가 이중으로 양립한다는 문제가 있다. 이러한 문제는 극지활동진흥법과 남극활동법의 대체적인 주무부처가 해양수산부와 외교부라는 차이와도 연결될 수 있다. 따라서 양 법을 개정 또는 보완하여 ① '극지활동기본계획'과 '남극연구활동진흥기본계획' 사이에 근본적인 차이를 두거나 중첩이 없도록 하는 방법 또는 ② 완전히 통합된 극지종합계획(정책)과 혼란이 없는 단일의 근거법을 만드는 것이 필요하다.

이 기본법이 '기본법으로서의 역할'을 하기에 제5조와 관련된 법적 메커니즘(법적 정합성 또는 연결관계)에 어수선함이 있다는 과제도 있다. 남극활동법은 이 법과 연관성이 있는 것이 명확하지만, 최근에 발효된 이 법 제5조에서 말하는 '다른 법률'의 의미나 범주는 명확하지 못하다. 만약 환경 분야의 어느 특별법이 이 극지활동진흥법과 충돌 또는 경합하는 경우가 발생한다면, 제5조에 의하여 '이 법이 적용된다'거나 다른 법이 우선 적용된다고 확신할 수 있는 해석기준이나 그러한 전례가 아직 없다.

극지활동진흥법의 발효로 인하여 하위규범인 시행령 및 시행규칙도 마련되었다. 이러한 하위규범들은 법률이 위임한 사항을 규정하거나, 법률의 내용을 구체화하는 역할을 한다. 하위규범과 상위법과의 관계를 명확하게 하려는 노력은 당연하지만, 이 법의 하위규범들 역시 제5조 및 제6조와 관련하여 남극활동법 등과 같은 다른 상위법 또는 그것의 하위규범들과 정합성에 문제가 발생할 여지가 있다.

극지활동은 외국과의 적극적인 교류나 국제기구와 협력을 수반하는 경우가 많다. 따라서 이 법의 국제협력 규정(제12조)을 활용한 '극지국제협력활동'을 기대할 수 있으므로, 이 조항을 다양하게 활용하는 연구와 노력이 필요하다. 예를 들어, 공공외교 개념과 연계한 '극지분야 공공외교활동'이 가능하다. 이러한 경우에 전혀 다른 분야의 법이라고 여겨지는 법들과 연결하고 이를 통하여 효과성 높은 사업을 추진하는 '법제연계'도 생각해볼 수 있다. 이 법을 활용하는 새로운 방법들 중 하나일 것이다.

4. 장기적인 안목에서 극지정책과 기본법의 조화

남극지역과 북극지역은 국제법의 법원과 규율방식에서 차이가 있으며, 그러한 차이를 완전히 통일하는 것은 현실적으로 어렵다. 인위적으로 법제의 전면적인 통일성을 추구하기보다는 '조화'라는 정도에서 각 법제의 차이를 발전시키는 것이 나을 것이다. 최근 해양법 분야를 중심으로 양 극지역에 공통적으로 적용되는 국제법 기준이 마련되고 있다는 점은 고무적이다. 국제사회의 의견을 조화시키기 위해서는 지속가능성 개념과 같은 공통의 원칙을 추구하는 것이 필요하다.

한편 지구온난화로 인한 환경변화와 교통기술의 발달로 인한 접근가능성의 확대 등 전 지구적 문제와 상황들은 북극과 남극지역에 관한 국제법의 발전에 있어서 변화를 요구하고 있다. 이러한 문제들은 양 극지역이 가지는 지역적 특색을 반영한 조약의 발전보다는, 인류와 지구에 공통적인 가치와 원칙이 중요하게 반영된 국제법의 발전을 요구한다. IMO의 Polar Code와 같이 극지역 해양을 항해하는 선박에 모두 적용되는 기준들이 이와 같은 '조화와 통합'이라는 극지 관련 국제법의 변화를 반영하는 것이다.

남극지역과 북극지역은 공통적으로 기후변화와 같은 자연현상 및 국제적 이해관계로 인하여 다른 지역과의 '연결성'(connectivity)

이 크다. 이러한 이유로 한국이 다른 국가들과 협력을 통하여 국제사회의 '공조'(collaboration)'를 수행하고 '기여'(contribution)할 부분이 많은 공간이다. 예를 들어, 생태계와 소수민족들의 보호 등 다양한 주제에서 국제사회의 협력을 이끌어내야 할 과제가 많다. 이와 같은 공통된 특징은 점차 조밀해지고, 두드러질 것이다. 따라서 극지역에 공통적으로 적용되는 국제법을 발전시킬 필요성은 더욱 크고, 이에 합치하는 국내법의 마련도 자연스러운 것이다.

한국은 오랫동안 극지역 국제법의 발전에 적극적이지 못하였던 것이 사실이다. 그러나 국제사회에서 경제발전과 기술발전이 높게 평가되고 있으며, 최근 국제개발협력과 왕성한 원조, 코로나바이러스와 같은 재해에 대한 비교적 성공적인 대처 사례 등을 통해서 이전보다 국제사회에 대한 기여와 역할을 많이 요청받고 있다. '중립적 이해관계자'로서의 한국이 국제사회에서 '오피니언 리더'로서 나서게 된다면, 극지에 관한 국제법 발전에도 기여할 수 있을 것이다.

이러한 목적을 위해서, 이 분야의 국내법 정비는 필수적인 전제가 되기도 한다. 극지활동진흥법은 한국의 극지활동에 전반적인 체계를 새우고 지도를 그리는 법이다. 남극과 북극에 대한 한국의 접근은 양 지역의 차이를 인정하면서도 공통점을 추출하여 정책을 수립하고 근거법에서도 이를 반영하려는 모습을 보이고 있다. 최근 제정되어 발효된 극지활동진흥법에서 정책의 변동에 따른 융통성이 요구되는 이유가 여기에 있다. 이미 제정된 남극활동법을 포용하면서도 특색을 존중하는 방향으로 개정이 필요하다.

장기적으로 보면, 이 법을 국제사회에 등장하는 새로운 논제들에 대해서 융통성 있게 대응할 수 있는 기본법으로 꾸준히 진화시킬 수 있는 노력이 있어야 한다. 예를 들어, 일반적인 환경문제에 관하여 이미 많은 국제법과 국내법이 나름의 '법제 메커니즘'을 형성하고 있는데, '극지에서의 환경문제'는 다른 것이지만 지구환경문제라는 점에서 공통점이 있기도 하고 극지의 환경문제가 더욱 심각하게 평가되기도 한다.

극지활동은 이러한 문제들에 관하여 융통성을 가지고 빠르게 대응할 수 있어야만 한다. 이런 점은 향후 한국의 극지활동과 관련된 정책과 법제의 개선 전체의 과제로 인식되어야 하며, 이에 대한 단편적인 문제해결이 아닌 장기적인 안목과 다른 분야와의 연관성 등을 발굴하고 입체적인 대응 방향을 꾸준히 고민하는 것이 필요하다. 앞으로 이 법에 대한 보다 세밀한 분석과 문제점 발견을 위한 논의가 지속되어야 한다.

그림 출처

참고문헌

[국내 자료]

권형진. “현대식 상업포경의 확대와 나치 독일의 남극해 포경”. 『독일연구』, 제41호, 2018.

김기순. “남극과 북극의 법제도에 대한 비교법적 고찰”. 『국제법학회논총』, 제55권 제1호, 2010.

김기순. “Polar Code의 의미와 국내 이행을 위한 과제”. 『극지와 세계』, 제20-3호, 2020.

김민수. “북극 거버넌스와 한국의 북극정책 방향”. 『해양정책연구』, 제35권 제1호, 2020.

김민수. “극지활동 기본법의 제정과 평가(김봉철 한국외대 교수) 토론문.” 코로나 이후 북극의 미래, 한국외국어대학교 극지연구센터 학술대회, 2021.

김봉철. “북극항로 협력 등 한-러 무역활성화 구축을 위한 연구.” 『무역학회지』, 제44권 제4호, 2019.

김봉철・심민섭. “북극해 및 북극 지역 관련 국제법과 국내법의 조화”. 『한국해법학회지』, 제44권 2호, 2022.

김봉철・심민섭. “Possibility of Cooperation between Korea and South American Countries on Antarctic Issues”. 『한국과 국제사회』, 제7권 2호, 2023.

김봉철・김용희. “Enactment and evaluation of the Polar Activities Promotion Act”. 『한국과 국제사회』, 제6권 1호, 2022.

김봉철・심민섭・양하은. “극지활동에 관한 한국과 일본의 법제 비교”. 『한국사회과학연구』, 제42권 제1호, 2023.

김봉철・심민섭・최지원. “극지역에 관한 한국과 중국의 활동과 법제 비교”. 『동북아법연구』, 제17권 제2호, 2023.

김봉철・고승화. “유럽의 북극지역 관련 갈등 해결을 위한 법과 정책”. 『EU연구』, 제57호, 2021.

김성국・박명섭. “신기후체제의 출범과 중국 항만의 온실가스 규제에 관한 연구”. 『한국항만경제학회』, 제32집 제2호, 2016.

김애경. “중국의 일대일로(일대일로) 구상 분석 – 제기배경, 추진현황, 함의 고찰을 중심으로”. 『민주사회와 정책연구』, 제29호, 2016.

김종우. “북극해에 대한 국제해양법적 쟁점과 중국의 입법과제–북극권 8개 국가를 중심으로”. 『경영법률』, 제26권 제2호, 2016.

김지혜・김민수・김주현・이슬기・정성엽. “북극 해상운송 규범 분석을 통한 우리나라 대응방안 연구”. 한국해양수산개발원, 2020.

김지희. “남극조약 체제의 발전과정과 환경보호위원회의 역할과 전망”. 『Ocean and Polar Research』, 제40권 제4호, 2018.

노영돈・박원. “북극해항로 관련 러시아 법제의 최근동향”. 『서울국제법연구』, 제18권 제2호, 2011.

라미경. “기후변화 거버넌스와 북극권의 국제협력”. 『한국시베리아연구』, 제24권 제1호, 2020.

라미경. “스발바르조약 100주년의 함의와 북극권 안보협력의 과제”. 『한국 시베리아연구』, 24권 4호, 2020.

박수진・이창열・김윤화・이용희・진동민・양희철. “국가남극정책 추진전략에 관한 연구”. 해양수산개발원 연구보고서, 해양수산개발원, 2012.

서현교. “우리나라 남・북극 기본계획 통합방안과 평가”. 『한국 시베리아연구』, 제24권 제1호, 2020.

서현교. “한국의 북극정책 과제 우선순위에 대한 평가와 분석”. 『한국 시베리아연구』, 제23권 1호, 2019.

서현교・최영준. “한국북극연구컨소시엄(KoARC)의 진단과 미래방향”. 한종만 편. 『지금 북극은- 제3권 북극, 지정・지경학적 공간』, 서울: 학연문화사, 2021.

심종석・김봉철・심민섭. “영국-아이슬란드 대구 어업분쟁에 관한 평가와 시사점”. 『EU연구』, 제68호, 2023.

유진호. “지구온난화에 따른 국제해사기구 Polar Code 발효와 향후의 과제: 북극과 남극의 개방적 규제와 친환경정책 어젠다 확장의 기점”. 『최신외국법제정보』, 2019.

윤영미. “러시아의 북극지역에 대한 해양안보 전략: 북극해 개발과 한-러 해양협력을 중심으로.” 『동서연구』, 제21권 제2호, 2009.

이길원. “환경보호에 관한 남극조약 의정서(마드리드 의정서)상 환경영향평가제도에 관한 연구”. 『성균관법학』, 제30권 제4호, 2018.

이영형·박상신. “러시아 북극지역의 안보환경과 북극 군사력의 성격”. 『한국시베리아연구』, 제24권 제1호, 2020.

이용희. “북극 북서항로의 국제법적 지위에 관한 연구.” 『경희법학』, 제47권 제4호, 2012.

이용희. “북극 스발바르조약에 관한 연구.” 『해사법연구』, 제25권 제2호, 2013.

이재성. “북극항로 및 북극권 자원 이용 전략에 관한 연구”. 『해양비즈니스』, 제38호, 2017.

이재영·나희승. “북극권 개발을 위한 시베리아 북극회랑 연구”. 『아시아문화연구』, 제39권, 2015.

이지용. “'일대일로(一帶一路)'와 중국의 21세기 세계전략 형성”. 『국가안보와 전략』, 2015.

임유진·이연호. “북극의 정치학과 북극정책의 새로운 길.” 『동서연구』, 제26권 제4호, 2014.

임지형. “중앙 북극해 공해어업에 관한 국제입법 동향 분석”. 『해사법연구』, 제28권 제3호, 2016.

진동민·서현교·최선웅. “북극의 관리체제와 국제기구: 북극이사회를 중심으로”. 『Ocean and Polar Research』, Vol. 32 No. 1, 2010.

채첩. “중국 국내법상의 유엔해양법협약의 수용 고찰-중국의 2개의 해양법을 중심으로”. 『중국학논총』, 2020.

최우익·라승도·김봉철. 『북극의 이해』, 한국외국어대학교 극지연구센터 극지연구총서 02, 서울: HUiNE, 2021.

한국해양수산개발원. “중국 '북극정책백서' 공식화로 북극 투자 증가 할 듯”, KMI 동향분석 제73호, 2018.

한종만. “북극지역의 지정학적, 지경학적, 지문화적 역동성에 관한 연구”, 『사회과학연구』 제40집 2호, 2016.

[외국 자료]

Alexander Sergunin. “Arctic Regional Security”, Handbook of Research on International Collaboration, Economic Development, and Sustainability in the Arctic, (Chicago, IGI Global), 2019.

Alexis Bunten. “A call for attention to Indigenous capitalisms”, New Proposals: Journal of Marxism and Interdisciplinary Inquiry, Vol. 5 No. 1, 2011.

Avrupa Komisyonu and Yüksek Temsilcilik. “Joint Communication to the European Parliament and the Council: An Integrated European Union Policy for the Arctic”, 2016.

Bai, J. “The IMO Polar Code: The emerging rules of Arctic ship-ping governance,” 2015.

Hugh Turral, Jacob Burke and Jean-Marc Faurès. Climate change, water and food security, (FAO Water Reports, Rome), 2011.

Jensen, Ø. “The IMO guidelines for ships operating in arctic ice-covered waters”, 2007.

Jérémie Mouginot et al. "Forty-six years of Greenland Ice Sheet mass balance from 1972 to 2018", Proceedings of the National Academy of Sciences of the United States of America, Vol. 116 No. 19, 2019.

Johan Strang. "Nordic Political and Economic Cooperation : Context , History and Outlook", Forum Paper in ASEAN Energy Market Integration (AEMI), Energy Security and Connectivity: The Nordic and European Union Approaches, 2016.

Kříž Zdeněk and Filip Chrášťanský. "Existing Conflicts in the Arctic and the Risk of Escalation: Rhetoric and Reality", Perspectives: Central European Review of International Affairs, Vol. 20 No. 1, 2012.

Kue Young, Boris Revich and Leena Soininen. "Suicide in circumpolar regions: an introduction and overview", International journal of circumpolar health, Vol. 74 No. 1, 2015.

Laurence Kirmayer, Gregory Brass, and Caroline Tait. "The mental health of Aboriginal peoples: Transformations of identity and community", The Canadian Journal of Psychiatry, Vol. 45 No. 7, 2000.

Malte Humper and Andreas Raspotnik. "The future of Arctic shipping along the transpolar sea route", Arctic Yearbook 2012, 2012.

Michael Merlingen and Rasa Ostrauskaite. European Security and Defence Policy, (London, Routledge), 2008.

Oleg Anisimov et al. "Polar regions (arctic and antarctic)", Climate change, Vol. 15, 2007.

Pål Prestrud and Ian Sterling. "The International Polar Bear Agreement and the current status of polar bear conservation", Aquatic Mammals, Vol. 20 No. 3, 19994.

Peter Bjerregaard and Inge Lynge. "Suicide—a challenge in modern Greenland", Archives of Suicide Research, Vol. 10 No. 2, 2006.

Petra Dolata. "A Balanced Arctic Policy for the EU. IN-DEPT ANALYSIS Requested by the AFET committee (This paper was requested by the European Parliament's Policy Department for External Relations)", 2020.

Polar Bear Specialist Group of the IUCN SSC. Agreement on the Conservation of Polar Bears 1973, 1973.

Secretariat of the Antarctic Treaty. "The Protocol on Environmental Protection to the Antarctic Treaty" 1991.

UNCLOS(2018), United Nations Convention on the Law of the Sea, PART VIII Article 86, 2018.

저자 약력

김봉철 교수는 한국외국어대학교 법과대학을 졸업하였고, 같은 대학원에서 법학석사 취득 이후 영국 외무성의 Overseas Research Scholarship으로 King's College London에서 법학박사(Ph.D in Law) 학위를 취득하였다. 저자는 현재 한국외국어대학교 국제학부 교수로 재직하면서 Jean Monnet EU Centre 공동소장을 담당하고 있으며, 유럽, 동남아시아, 중남미, 북극과 남극 등 다양한 지역의 통상 및 협력 등 국제관계에 관한 법제 연구를 수행하고 있다.

김호 교수는 한국외국어대학교 법과대학을 졸업하였고, 같은 대학원에서 법학석사 취득 이후 미국 University of Minnesota Law School(LL.M.)을 거쳐 American University Washington College of Law에서 법학박사(S.J.D.) 학위를 취득하였다. 현재 계명대학교 국제통상학과 조교수로 재직하며 법제연구원 등의 연구 작업에 참여하고 있으며, 통상법규 및 통상계약 분야와 함께 개발협력과 극지역 관련 법을 주로 연구하고 있다.

극지 거버넌스의 이해

2024년 6월 21일 1판 1쇄 인쇄
2024년 6월 25일 1판 1쇄 발행

저 자 김 봉 철 · 김 호
발행인 고 성 익

05027
발행처 서울특별시 광진구 아차산로 335 삼영빌딩
도서출판 三 英 社
등 록 1972년 4월 27일 제2013-21호
전 화 737-1052 · 734-8979 FAX 739-2386

정가 16,000원

ISBN 978-89-445-0578-2-93360